ASSEMBLÉES

DU

DIOCÈSE DE LAVAUR

PAR

Elie-A. ROSSIGNOL

LAURÉAT ET MEMBRE CORRESPONDANT DE PLUSIEURS ACADÉMIES ET SOCIÉTÉS
SAVANTES

PARIS

CHEZ J.-B. DUMOULIN

LIBRAIRE DE LA SOCIÉTÉ DES ANTIQUAIRES DE FRANCE

13, QUAI DES GRANDS-AUGUSTINS

1881

ASSEMBLÉES

DU

DIOCÈSE DE LAVAUR

TOULOUSE. — IMP. A. CHAUVIN ET FILS, RUE DES SALENQUES, 28.

ASSEMBLÉES

DU

DIOCÈSE DE LAVAUR

PAR

Elie-A. ROSSIGNOL

LAURÉAT ET MEMBRE CORRESPONDANT DE PLUSIEURS ACADÉMIES ET SOCIÉTÉS
SAVANTES

PARIS

CHEZ J.-B. DUMOULIN

LIBRAIRE DE LA SOCIÉTÉ DES ANTIQUAIRES DE FRANCE

13, QUAI DES GRANDS-AUGUSTINS

—

1881

ASSEMBLÉES

DU

DIOCÈSE DE LAVAUR [(I)]

CHAPITRE PREMIER.

Historique, composition des assemblées générales et particulières ; règlement inté-
rieur ; préséances ; officiers du diocèse ; bureau de direction.

Anciennement les députés de tous les consulats assistaient aux assemblées du diocèse. Une ordonnance rendue
en 1473 en vertu de lettres patentes permettant la construction du fort de Teyssode et séparant cette paroisse
de la communauté de Saint-Paul, en donne la preuve en
établissant que les consuls de Teyssode *seraient appelés*

(1) Le diocèse de Lavaur était représenté aux Etats de Languedoc par
l'évêque ou son vicaire général, pour le clergé ; par le baron de Lagar-
diolle, pour la noblesse ; et par le premier consul de Lavaur, le syndic du
diocèse et un député, à tour de rôle, des villes de Puylaurens, Revel, Labruguière, Sorèze et Saint-Paul, pour le tiers état. En 1608, la ville de Cuq
demanda à entrer aussi aux Etats ; mais la Cour des aides de Montpellier,
en 1615, rejeta sa demande. A partir de 1618, l'assiette désigna les députés du diocèse aux Etats ; plus tard, la ville de Lavaur déclara avoir le privilège d'y envoyer deux députés, le premier consul de l'année et le premier consul de l'année précédente en qualité d'assesseur ; mais il n'y eut
jamais que trois députés diocésains taxés pour leur assistance aux Etats.

au *département des deniers lors de l'assemblée des autres consulats à laquelle ils auraient droit d'entrer* (1). Les noms seuls des commissaires principaux aux assiettes de 1510, 1511 et 1513 nous sont connus (2). Cependant dès cette époque les députés des consulats les plus importants étaient seuls appelés, ou plutôt étaient les seuls qui se rendaient; et d'après le relevé de ceux qui furent présents aux assemblées de 1545 à 1583, un arrêt du conseil du 30 septembre 1608 fixa le nombre et le rang des consulats qui auraient entrée annuellement à l'assiette (3).

Mais dès le milieu du seizième siècle les villes de Puylaurens, Mazamet, Saint-Paul , Sorèze, Saint-Amans et Cuq avaient demandé que l'assiette se tînt alternativement dans chacune d'elles ; les consuls de Lavaur s'y étaient opposés, et les Etats de Languedoc avaient décidé, en 1576, que l'assiette du diocèse ne serait pas *ambulatoire* et se tiendrait annuellement à Lavaur (4). Sans doute alors pour donner une satisfaction aux villes principales, on institua un second syndic du diocèse pris annuellement et à tour de rôle parmi les habitants de Puylaurens, Revel, Labruguière, Sorèze et Saint-Paul. Telle doit être l'origine (5) du *syndic ambulatoire* que

---

(1) Assiette de 1623. Archives de la préfecture, où sont conservés, sous les n°° 1167 à 1272, lettre C, les titres du diocèse de Lavaur. — Les procès-verbaux des assemblées de ce diocèse ne remontent qu'en 1618; ils cessent après 1625, pour ne reprendre qu'en 1700. — Nous avons publié, en 1869, dans la *Revue de Toulouse*, un travail sur les assemblées diocésaines de Lavaur.

(2) Fastes consulaires de Lavaur : en 1510, Jean Champagnère, bachelier ès droits, chanoine de Lavaur, archiprêtre de Lacrouzette ; — 1511, Nicolas Dupuy , écuyer, capitaine de Coufouleux ; — 1513, Jacques Fortes, licencié en droit.

(3) Assiette de 1622.

(4) Archives de la préfecture, délibération des Etats, C. 35.

(5) Pendant le quinzième siècle et le commencement du suivant, les as-

nous voyons en 1618, année à laquelle remontent seulement les procès-verbaux de l'assiette, nommé, *suivant l'ancien règlement*, sur la présentation des consuls de Sorèze qui jouissaient de ce droit à tour de rôle avec les consuls des autres villes.

En 1618 l'assemblée se réunit le 12 mars à Lavaur dans la *maison commune*, par-devant François de Cardaillhac, *commissaire principal*, Nicolas, sieur de Grégoire, juge de Villelongue, et les quatre consuls de Lavaur, *commissaires ordinaires*, assistés de messire Claude de Vergier, *évêque*, du *syndic du chapitre*, de deux députés de *Puylaurens, Revel, Labruguière, Sorèze* et *Saint-Paul*, d'un député de *Cuq, Heutpoul-Mazamet* et *Labastide-Saint-Amans*, de deux syndics des *vingt-quatre consulats* de Lavaur et du *procureur du roi* en la judicature de Villelongue. Claude Du Conseil, *syndic général* du diocèse, donna communication des commissions pour les impositions, le greffier lut les procurations des députés, et l'assemblée, constituée, nomma le syndic général, le greffier, le syndic ambulatoire, les membres des commissions, et s'occupa ensuite des affaires générales du diocèse.

Les villes qui envoyaient des députés à l'assemblée étaient les *villes maîtresses* du diocèse; les cinq premières, qui prenaient souvent seules cette désignation,

---

semblées du diocèse de Toulouse se tenaient alternativement dans chacune des villes maîtresses, et les Etats du Quercy se réunissaient également par tour dans les quatre villes et les quatre châtellenies principales. On a vu, dans l'*Histoire des assemblées du diocèse d'Albi* (p. 9 et suiv.), que Gaillac demandait, en 1510, à avoir tous les deux ans l'assiette, et l'accord qui mit fin à ce différend institua un second syndic diocésain pris parmi les habitants des principales villes de la judicature d'Albigeois; l'institution du syndic ambulatoire du diocèse de Lavaur doit avoir une origine semblable.

entraient alternativement aux États de Languedoc et envoyaient à l'assiette deux députés ; les trois autres, comptées *comme une demi-ville*, n'en envoyaient qu'un.

Cet ordre de représentation arrêté en 1608 ne subit presque pas de changement. Cependant en 1622 les principales villes maîtresses qui étaient de la religion réformée, *Puylaurens*, *Saint-Paul*, *Mazamet*, *Saint-Amans*, *Revel* et *Sorèze*, présentèrent une requête à la Cour des aides de Montpellier pour obtenir que le commissaire principal et les commissaires ordinaires n'eussent pas voix délibérative « selon les anciennes coutumes, » qu'il n'y eût que deux consuls de Lavaur à l'assiette, que le vicaire général, le syndic du chapitre, le procureur du roi et les syndics des vingt-quatre consulats en fussent exclus, et, d'un autre côté, que le consul de Cuq y fût admis. L'assiette délibéra le 8 février 1623 de s'opposer à cette requête, et le conseil du diocèse déclara, le 1er avril suivant, qu'elle était basée sur des faits faux : le parlement de Toulouse cassa l'assignation et le conseil du roi, le 21 juin 1624, ordonna que le règlement de 1608 serait exécuté, les personnes dont l'exclusion était demandée conserveraient leur entrée et le représentant de Cuq ne serait pas admis.

Le différend au sujet de l'admission de la ville de Cuq remontait à plusieurs années. Peu après le règlement de 1608, cette ville demanda à entrer aux États de la province et à envoyer deux députés à l'assiette. La cour des aides, le 25 mai 1615, rejeta sa demande, mais accorda à son député à l'assiette le droit de faire partie, à tour de rôle, de la commission des comptes et du département des deniers. Cuq appela de la première partie de cet arrêt, et se prévalut de la seconde pour demander l'entrée de son député à l'audition des comptes, ce qui lui fut refusé ; elle envoya même, en 1620, deux députés « qui

n'opineraient et ne prendraient gages que pour un. »
Mais à la suite des troubles religieux, Cuq, qui tenait le
parti des protestants, fut démoli, et en 1624 l'assiette ne
voulut pas admettre son député avant d'être informée
s'il existait encore réellement à Cuq une communauté :
il fut reçu peu à peu après à l'assemblée du 26 juin
1624; mais l'arrêt précité du conseil du roi de juin de
cette année ayant prononcé son exclusion, il ne fut pas
admis en 1625, malgré les injonctions du parlement de
Toulouse. L'assemblée dut revenir plus tard sur cette
détermination, car en 1710 le député de Cuq figure parmi
les membres de l'assiette.

Les syndics des vingt-quatre consulats de Lavaur de-
vaient être pris tous les ans suivant la règle établie après
1608, « des quatre consulats qui seraient par rang nommés, deux des consulats du côté haut et deux du côté
bas. » Ces consulats étaient : *Avezac*, *Belcastel*, *Cambon*,
Escaupons, *Garrigues*, *Juilh*, *Lacougote-Cadoul*, *Lugan*,
Massac, *Maurens*, *Pratviel*, *Preignan*, *Roquevidal*, *Saint-
Agnan*, *Saint-Germier*, *Saint-Jean-de-Rives*, *Saint-Lieux*
Saint-Sauveur, *Senil*, *Seran*, *Valcournouse*, *Veilhes*,
Villeneuve, et *Viviers-lès-Lavaur*. D'après les procès-ver-
baux de 1618 à 1625 ils auraient figuré aux assiettes, pen-
dant ces sept années, dans l'ordre suivant : *Cambon et
Preignan*, *Saint-Lieux et Veilhes*, *Lugan et Garrigues* (1),
Saint-Jean-de-Rives et Pratviel, *Saint-Agnan et Maurens*,
Belcastel et Juilh, *Roquevidal et Lacougote*. Cet ordre était
autre en 1700.

Les cinq villes, *Puylaurens*, *Revel*, *Labruguière*, *Sorèze*
et *Saint-Paul*, envoyaient chacune deux députés à l'as-

(1) En 1620, on avait pris indument pour syndics les consuls de *Saint-
Sauveur* et de *Saint-Jean-de-Rives* : procès devant le juge de Villelongue
et appel à la Cour de Montpellier par les consuls de *Lugan*, qui obtinrent
que l'on revînt à l'ancien ordre d'entrée.

siette, le premier consul *moderne* et le premier consul
vieux, et, à leur défaut, le second consul. En 1620 le premier consul *vieux* de Revel étant mort, et procuration
pour représenter la ville n'ayant pas été donnée au second
consul vieux parce qu'il ne voulait pas approuver un
accord d'après lequel la moitié des gages du député
reviendrait à la commune, ce second consul se présenta
à l'assiette qui le reçut, à l'exclusion du dernier consul
vieux qu'on lui avait substitué, et enjoignit aux habitants
de Revel de lui donner procuration dans le délai de trois
jours. Cette même année, un autre différend fut soulevé
au sujet de la représentation de Saint-Paul. Suivant d'anciens règlements et des délibérations de 1554 et 1583,
deux gentilshommes, consuls vieux et moderne, ne
pouvaient entrer ensemble à l'assiette. En 1620, le premier consul moderne de Saint-Paul étant gentilhomme
ainsi que le premier consul vieux, les habitants rempla-
cèrent ce dernier par le second consul vieux; le premier
se présenta néanmoins à l'assemblée, « disant être de
droit assesseur du consul moderne comme ayant assisté
à l'assiette l'année précédente, les deux premiers consuls
étant les vrais et légitimes députés des villes, » et l'assemblée le reçut quoique le consul moderne et lui fussent
gentilshommes.

Enfin la ville de Lavaur, capitale du diocèse, avait ses
quatre consuls à l'assiette; ils en étaient les commissaires
ordinaires.

Les villes maîtresses avaient seules entrée à l'assemblée.
Cependant, lors des guerres civiles, la plupart d'entre
elles étant du parti protestant ou occupées par lui, le duc
de Montmorency ordonna, le 3 janvier 1622, qu'à la place
de *Puylaurens, Revel, Sorèze, Saint-Paul, Cuq, Saint-
Amans* et *Mazamet*, on recevrait sept des autres villes
« des plus apparentes et renfermées; » *Soual, Dourgne*,

Sémalens, *Viviers-lès-Montagnes*, *Roquevidal*, *Cambon* et *Teyssode*. Les députés des quatre premières ne furent pas admis à la réunion de février 1622, parce qu'il n'y avait pas lieu à contrevenir à l'état de 1608; ils le furent à celle de juillet, mais pour cette fois seulement. — Les villes de Lavaur et de Labruguière furent les seules qui furent représentées à l'assemblée de février 1622, et, dès l'ouverture, le consul de Labruguière demanda, mais en vain, à occuper le rang du consul de Puylaurens, « n'étant pas raisonnable que les quatre consuls de Lavaur fussent assis et opinent l'un à la suite de l'autre, car, après les deux premiers, était assis et opinait, suivant l'ancien ordre, le premier consul de Puylaurens. »

Le procureur du roi en la judicature de Villelongue avait aussi entrée à l'assiette, et quand il le demandait il était admis à voter. En 1622 le commissaire principal voulait empêcher Claude Du Conseil, nouvellement nommé procureur du roi (1), de donner sa voix; mais l'assiette, considérant qu'en lui donnant une taxe pour son assistance le règlement de 1608 avait voulu lui donner voix délibérative comme aux députés, lui reconnut le droit de vote.

De 1625, nous franchissons un espace de soixante et quinze années pour reprendre, en 1700, les procès-verbaux des assemblées diocésaines. A cette époque la composition de l'assiette était à peu près la même, mais la création des offices municipaux avait dénaturé la représentation des villes; nous y trouvons l'*évêque* président,

---

(1) En 1621, l'assiette accorda une gratification de 200 livres au sieur de Pujol, procureur du roi en la judicature de Villelongue, au siège de Lavaur, depuis l'année 1588, et qui avait assisté en cette qualité à toutes les assemblées du diocèse « où il aurait témoigné toujours sa bonne affection au bien et utilité d'icelui. » Le sieur de Pujol avait résigné sa charge en faveur de Claude du Conseil, son beau-frère, de la maison duquel il la tenait.

puis le *commissaire principal* et le *juge de Villelongue* et les *consuls de Lavaur*, commissaires ordinaires, et le *syndic du chapitre*, deux députés de *Puylaurens*, *Revel*, *Labruguière*, *Sorèze* et *Saint-Paul*, un député de *Cuq*, *Mazamet* et *Saint-Amans*, deux syndics des *vingt-quatre consulats de Lavaur* et le *procureur du roi*.

L'ordre dans lequel les vingt-quatre consulats de Lavaur nommaient leurs syndics à l'assiette diffère du précédent et était ainsi établi : *Saint-Sauveur et Veilhes, Saint-Germier et Roquevidal, Juilh et Belcastel, Pratviel et Garrigues, Saint-Jean-de-Rives et Seran, Valcournouse et Viviers-lès-Lavaur, Avezac et Maurens, Villeneuve et Sénil, Massac et Cambon, Escaupons et Saint-Lieux, Lacougote-Cadoul et Lugan, Saint-Agnan et Preignan.* Il ne subit pas de changement jusqu'en 1789 (1).

Par suite de la création des offices municipaux, le maire et le consul perpétuel occupaient les deux premières places des représentants de Lavaur; pour les autres villes, les places sont prises par le maire et le lieutenant de maire, ou bien par le maire et le premier consul moderne, si la charge de lieutenant n'est pas occupée, ou encore par le premier consul et le lieutenant si celle de maire est vacante; les consuls vieux et moderne ne paraissent que lorsque les offices ne sont pas occupés ou que les titulaires sont absents. Pour les villes qui n'avaient qu'une place, elle était aussi prise par l'ac-

---

(1) D'après les *Lois municipales et économiques du Languedoc* (t. IV, p. 521), cet ordre aurait été à partir de 1786 : *Saint-Agnan et Saint-Jean-de-Rives, Marsens et Valcournouse, Saint-Germier et Maurens, Belcastel et Villeneuve, Garrigue et Massac, Seran et Escaupons, Viviers et Lugan, Preignan et Avezac, Veilhes et Sénil, Roquevidal et Cambon, Juilh et Saint-Lieux, Pratviel et Lacougote*; mais il doit y avoir erreur, car les procès-verbaux de 1786 portent les consuls de *Roquevidal* et de *Saint-Germier*, comme l'indique notre tableau.

quéreur de l'office municipal. Ces offices, supprimés, rétablis, abolis et créés de nouveau, se perpétuèrent ainsi avec intermittences jusqu'à la Révolution. En 1749 Paul de Bonfontan, coseigneur de Cuq, présenta à l'assiette la soumission qu'il venait de faire pour la mairie ancienne et triennale de Cuq, il fut reçu et prit séance à l'exclusion du second consul, porteur de la procuration de la communauté.

La charge de commissaire principal, donnée chaque année par les commissaires présidant les États, fut érigée momentanément en titre d'office en 1703. Peu après fut établie l'office de *subdélégué de l'intendant*, et le sieur de Barbara, lieutenant criminel au sénéchal de Castres, assista aux assiettes en qualité de subdélégué; et, conformément à l'ordonnance de l'intendant du 16 février 1706 et d'un arrêt du conseil, il prit place après le commissaire principal, et avant le juge de Villelongue, Jean de Dreuilhe, qui ne céda pas sans protester. Jean-Pierre de Dreuilhe, successeur de son père, renouvela ses protestations, et représenta à l'assiette, en 1714, que la déclaration du roi de 1709 donnant la préséance sur le subdélégué aux maire et le lieutenant de maire, lui qui précédait les maire et consuls, devait précéder le subdélégué : cependant le subdélégué fut maintenu à la place qui lui avait été assignée en 1707.

La judicature de Villelongue fut, quelques années après, démembrée en cinq sièges. Augustin Bessseri, juge royal de Lavaur, assista à l'assiette de 1722, mais il déclara que, se conformant au règlement de 1634, à l'arrêt du conseil de 1666, aux délibérations de 1669 et 1670 et à un autre arrêt de 1673 qui lui furent opposés par le syndic, il n'entendait pas avoir voix délibérative, comme on l'avait accordé jusque-là par tolérance au juge de Villelongue.

Le 30 janvier 1725, un arrêt du conseil réglementa d'une manière générale les assiettes des diocèses de Languedoc, et y introduisit la noblesse. Précédemment, en 1673, l'envoyé du baron de *Lagardiole* avait assisté à l'assiette de Lavaur, mais il n'eut aucun émolument, et il ne reparut pas aux assemblées suivantes (1). Après 1725, le baron de Lagardiole se fit représenter par Marc de Puybusque, écuyer; en 1731 Antoine-Joseph de Roquefort est dit être curateur du baron; en 1736, Charles de Virvens, seigneur d'Algans, est son délégué, et en 1739 personne ne s'étant présenté au nom du baron, l'évêque désigna pour tenir sa place le même seigneur d'Algans. Charles de Rochechouard, comte de Clermont, baron de Lagardiole, se fit représenter en 1740 et années suivantes par le seigneur d'Algans, et en 1744 et 1748 par Jean-Étienne de Suplicy, baron de Marsas (2). Ensuite il n'est plus question de baron à l'assiette de Lavaur : il dut en être exclu par l'arrêt du conseil du 17 décembre 1759 réglant à nouveau les assemblées diocésaines, et les *lois municipales et économiques* de Languedoc de 1786 portent qu'il n'y avait pas de baronnie au diocèse de Lavaur.

Ce règlement de 1759 excluait le syndic du chapitre. Celui-ci produisit, pour être reçu à l'assiette de 1760, un mémoire d'après lequel son droit d'entrée remontait à la formation des assiettes, qu'il lui avait été reconnu par le règlement de 1540, par les États séant à Lavaur en 1556, et par le règlement de 1562, et qu'il l'avait toujours exercé, même après le règlement de 1725 : ce fut en vain pour le moment; mais peu après son droit d'entrée lui fut rendu, et il assista aux assemblées de 1762 et années suivantes.

---

(1) Manuscrit des *Fastes consulaires de Lavaur.*
(2) Archives de la préfecture, C. 1178, 1179 et 1180.

Enfin l'assiette de 1782 délibéra de mettre Dourgne au rang des villes maîtresses en lui accordant le droit d'envoyer un député à l'assemblée; les Etats de Languedoc approuvèrent cette décision le 21 novembre, et un arrêt du conseil du 15 février 1783 la ratifia : le premier consul, maire de Dourgne, fut reçu à l'assiette de 1783 et prit place après le député de Labastide-Saint-Amans.

L'assiette du 17 juin 1788 était composée de monseigneur Jean-Antoine de Castellane, évêque de Lavaur; messire de Pujol, premier consul, maire de Castres, commissaire principal; Pierre Roudés, conseiller du roi, juge royal de Lavaur; Renaud, premier consul, maire; Jean Thomas, second consul, lieutenant de maire; Pages et Dascols, consuls de Lavaur, et du syndic du chapitre, commissaires-nés; des premiers consuls-maires et d'un notable de Puylaurens, Revel, Dulac ci-devant Labruguière, Sorèze et Saint-Paul, des premiers consuls de Saint-Amans et Dourgne, et des premiers consuls de Roquevidal et Saint-Germier, syndics des vingt-quatre consulats de Lavaur.

Une assemblée des trois ordres du diocèse eut lieu à Lavaur le 31 janvier 1789 et une seconde le 4 février à Puylaurens sous la présidence du marquis de Vaudreuil, lieutenant général des armées navales. Il s'agissait de se rallier à la protestation faite par plusieurs diocèses et par la noblesse réunis à Montpellier les 27 et 29 janvier contre les vices de la constitution des Etats de Languedoc. L'assemblée résolut de faire prier le roi d'accorder au Languedoc une constitution élective et représentative (1), que

(1) Elle était composée de soixante et dix députés, parmi lesquels les sieurs d'Ortet, syndic de la noblesse de Lavaur; de Rivals, chevalier de Boussac; Ranchin, de Burlats; le comte de Verdale; le marquis Dulac; Malabiau de Lafargue, député de la noblesse de Saint-Paul; Spérandieu; Robert, député de la noblesse de Saint-Amans; et le comte de Pujol. Il y

tous les contribuables fussent électeurs et éligibles, que tous les sujets des trois ordres, sans distinction de biens ni de personnes, contribuassent à toutes les impositions, et enfin que les assemblées diocésaines fussent formées sur un nouveau plan. L'assemblée, se divisant ensuite par ordre, élut députés, pour le clergé, Pontier, ancien curé de Puylaurens, alors au mont Valérien, près Paris; pour la noblesse, le marquis d'Avessens, et pour le tiers état Caillassou de Calvairac. Elle élut encore, mais les trois ordres ensemble, syndics du diocèse, Rouzier, chanoine et archidiacre du chapitre de Lavaur, d'Ortet, écuyer, et Audouy, avocat, et Buffeteau pour adjoint, qui tous avaient fait partie de la réunion tenue à Lavaur le 31 janvier. Enfin, comme la nouvelle constitution ne pouvait être promulguée avant la tenue de l'assiette, l'assemblée chargea par acclamation Devoisins, ancien maire de Lavaur, de protester contre les opérations de l'assiette, consentant seulement à l'imposition des deniers royaux.

On a vu que dans l'assemblée du diocèse de Castres du 21 juin 1789 on donna lecture d'arrêts du conseil des 10 et 21 avril, cassant des protestations du tiers état et de la noblesse et ordonnant que les assiettes procéderaient aux impositions votées par les États. Il en fut sans doute de même à Lavaur où la délibération de Puylaurens dut être cassée; mais elle avait été imprimée et répandue dans tout le diocèse, et nous avons dû la rappeler comme marque des idées de toutes les classes au moment où la Révolution allait commencer.

L'assiette se tenait à Lavaur dans la maison commune.

avait les curés de Saint-Germier, Belleserre, Puylaurens, Revel, Sainte-Cécile, Prades, Mazamet, Cuq et Lempeaut ; mais le syndic du clergé du diocèse et celui du chapitre de Lavaur, qui avaient été appelés, étaient absents (Archives de la préfecture, C. 1271).

Dans le principe, le commissaire principal y jouait le premier rôle et dirigeait les travaux, veillant surtout à la répartition des impôts comme le lui recommandaient particulièrement les instructions.

Celles de 1618 s'expriment ainsi : « Vous ordonnons avant toute chose de faire lire publiquement nos commissions de l'octroi, crue, taillon et autres, l'arrêt du conseil et lettres patentes pour les frais et dépenses de l'assiette. de votre diocèse. Il sera par vous fait une assiette des deniers de l'octroi, crue et taillon qui doivent entrer ès recettes générales des finances et une autre assiette des deniers de l'extraordinaire de la guerre, réparations, gratifications, ponts et dettes du général du pays, ensemble des dettes de votre diocèse dont la permission aura été accordée par lettres patentes ; et pour les frais de votre assiette, il sera par vous fait une assiette particulière à laquelle vous comprendrez la portion des frais des Etats qui vous regardent. En faisant le département des deniers de ladite assiette, la nature d'iceux ne sera pas mêlée ni confondue ; mais les départements en seront faits sur chaque paroisse, ville ou village, par article à part, pour l'octroi, crue, taillon, extraordinaire de la guerre, gratifications, réparations, frais des Etats et frais d'assiette, afin d'éviter confusion, et qu'en faisant les états on puisse clairement voir la portion de chaque nature de deniers. Vous ferez expédier deux copies de toutes les assiettes et départements, une pour le receveur du diocèse pour en faire faire la levée et l'autre pour les trésoriers généraux. Pour éviter aux plaintes sur les grandes dépenses qui se font ès diocèses pour envoyer la mande des assiettes, voyez de faire tenir les mandes aux communautés et de faire taxe modérée au greffier pour les leur envoyer. »

Les membres de l'assiette allaient d'abord entendre la messe. Le règlement de 1725 fixe minutieusement l'ordre de la marche; il donne le rang des membres et trace les diverses attributions de l'assemblée. Voici ses dispositions :

« L'assiette sera convoquée dans le mois qui suivra la tenue des États, et les membres avertis par les soins du syndic du diocèse huit jours avant l'ouverture. Il ne sera reçu que les évêques et barons, et, en leur absence, leur grand vicaire et envoyé, le commissaire principal, les commissaires ordinaires et les députés des villes qui ont droit d'assister; les commissaires ordinaires sont l'évêque, le baron, l'officier de justice et les consuls de la ville capitale et autres s'il est d'usage; la veille du jour de l'ouverture, les consuls de la ville capitale en livrée iront rendre visite au commissaire principal, à l'évêque et au baron, et le lendemain ils iront chercher le commissaire et le conduiront au palais épiscopal d'où l'on partira pour aller à la messe (1), les officiers du diocèse marchant en tête, puis l'évêque en rochet et camail ayant le commissaire principal à droite et le baron à gauche; au second rang, les commissaires ordinaires et ensuite les députés. L'assiette se tiendra à l'hôtel de ville; l'évêque et le commissaire principal auront des fauteuils, les commissaires ordinaires, des chaises à dos, et les députés, des bancs à dossier; les commissaires ordinaires, à l'exception du juge, auront voix délibérative, et l'évêque, en qualité de président, recueillera les voix et opinera le dernier; le bureau de la capitation et celui de la direction des affaires du diocèse pendant l'année seront nommés par l'assiette et composés de l'évêque ou de son vicaire, d'un baron ou de son envoyé, du juge et des maire et consuls de la ville

---

(1) Anciennement dans la chapelle des Cordeliers, mais, après 1740, dans la chapelle de l'hôtel de ville : le diocèse donnait 50 liv. aux prêtres chargés de lire la messe dans cette dernière les dimanches et les fêtes.

capitale et des députés qui seront jugés nécessaires. Enfin le procureur du roi et les autres qui se sont introduits abusivement dans quelques assiettes en seront exclus. »

Ouverte par la célébration de la messe, l'assiette se terminait par la bénédiction de l'évêque. Plusieurs jours lui étaient nécessaires dans le principe pour l'expédition des affaires ; mais au siècle dernier, un seul jour suffisait. Pendant sa durée, aucun de ses membres ne pouvait être arrêté (1). Les procurations étant vérifiées, tous les membres prêtaient le serment « d'opiner selon Dieu et leur conscience, suivant ce qui leur paraîtrait plus avantageux au service du roi et au bien du diocèse, de ne rien révéler de ce qui aura été dit par les membres de l'assemblée ; ainsi Dieu nous soit en aide et ses saints Evangiles (2). »

L'assemblée nommait le syndic et le greffier du diocèse et les commissaires pour l'audition des comptes et le département des tailles.

La charge de *syndic principal* du diocèse, d'après le réglement fait par l'assiette en 1603 et approuvé par lettres patentes en janvier 1615, était annuelle et ne pouvait être exercée, par le même, plus de trois ans de suite. Le syndic était nommé à la pluralité des voix sur la présentation de deux candidats faite par les consuls de Lavaur ; il prêtait serment « de bien et dûment exercer sa charge, de poursuivre, procurer et défendre les droits et utilités du diocèse et de mettre à exécution les délibérations d'icelui ; » il avait des fonds à sa disposition et en rendait compte. Habituellement le syndic exerçait les trois années

---

(1) Pendant l'assiette de 1619, Georges de Lagarde, receveur alternatif, et, en cette qualité, officier du diocèse, fut mis en prison à Lavaur. L'assemblée envoya pour le faire mettre en liberté. Le consul de Lavaur fut assigné pour cela devant la Chambre des comptes à Montpellier ; mais le syndic du Languedoc promit de prendre fait et cause pour lui.

(2) Il est question de ce serment dans les procès-verbaux de 1767.

réglementaires ; à sa sortie, on lui faisait décharge de son administration, et parfois on lui accordait une gratification que nous trouvons être, en 1620, de 100 livres. Cette année, Bernard de Bonnefoy remplaça Claude Du Conseil qui avait exercé trois ans, et Pierre de Gasquet, sieur de Tire, était syndic en 1626, 1627 et 1688. Plus tard, le syndic eut un traitement annuel de 500 liv. et put être continué indéfiniment dans ses fonctions.

Indépendamment du syndic général, il y avait dans le diocèse de Lavaur un autre syndic désigné sous le nom d'*ambulatoire* et qui était nommé sur la présentation de deux candidats faite alternativement par les députés de chacune des cinq villes maîtresses, Puylaurens, Revel, La Bruguière, Sorèze et Saint-Paul. Au siècle dernier, il n'est plus question de ce syndic ambulatoire dont l'origine, comme il a été dit plus haut, paraît remonter à la fin du seizième siècle, après que les Etats eurent décidé que les assemblées du diocèse se tiendraient à Lavaur et non alternativement dans chacune des villes maîtresses.

Le greffier était également nommé chaque année, mais il était rééligible indéfiniment ; il était le secrétaire de l'assemblée et dressait les délibérations qu'il lui fut enjoint, en 1620, de lire avant de les faire signer par les députés. Le greffier était pris habituellement parmi les notaires de la ville. En 1522, le roi érigea sa charge en titre d'office ; mais il révoqua son édit, « contraire aux privilèges de la province, » moyennant une somme d'argent que les Etats lui accordèrent ; cette révocation fut confirmée en 1544. Plus tard, le roi rétablit cet office et le donna, pour le diocèse de Lavaur, à un bourgeois de Paris ; mais le syndic du diocèse obtint un arrêt du conseil du 30 décembre 1614 qui rendait le greffe au diocèse. Quelques années après, le roi ordonna la vente des greffes du ressort de la Cour de Toulouse ; les Etats de Languedoc en 1618 et l'assiette de Lavaur en 1619 s'opposèrent à cette vente ; mais en juin 1622 les greffes de toutes les villes et communautés de Languedoc furent érigés en titre d'office héréditaire. Les villes du diocèse de Lavaur, réunies extraordinairement le 19 janvier 1623, envoyèrent une députation à Carcassonne pour acheter ces offices tous en bloc, s'il se pouvait, ou bien celui de greffier du diocèse au nom de Castaignier, notaire-greffier en exercice, et celui des villes au nom des personnes que chacune d'elles désignerait, et ce aux frais du diocèse, les députés ayant pouvoir d'emprunter pour cela jusqu'à 33,000 liv., montant de ces greffes. Cependant le Parlement avait défendu aux commissaires du roi de procéder à la vente de ces offices ; le roi céda momentanément ; mais en 1635, il créa de nouveau les offices de secrétaires et greffiers des villes, et en 1636 de greffier des diocèses, qu'il révoqua pourtant bientôt après.

Les commissions pour *l'audition et clôture des comptes* du receveur et du syndic étaient composées de l'évêque, du commissaire principal, du juge et du second consul de Lavaur et de deux consuls de deux villes maîtresses alternativement et selon leur rang, Puylaurens, Revel, Labruguière, Sorèze et Saint-Paul. Les commissaires *pour le département des tailles* étaient le premier consul de Lavaur, le député de la ville maîtresse qui avait été aux États et les députés assesseurs de deux villes de tour pour l'audition des comptes (1). Tous les autres membres de l'assiette pouvaient assister aux séances des commissions,

____

(1) Anciennement, il y avait dans chaque commission un membre *supernuméraire* désigné par le commissaire principal parmi les membres de l'assiette. Cette place « n'apportant que des désordres, brigues et jalousies entre les députés des villes, » fut supprimée en 1618 ; elle fut rétablie l'année suivante ; mais il n'en est plus question dans la suite.

mais sans voix délibérative et sans aucun émolument.

Au dix-huitième siècle, le syndic et le greffier, toujours rééligibles, étaient nommés par l'assiette comme précédemment; mais le département des tailles était fait par des commissaires spéciaux·dont les fonctions furent érigées en titre d'office en 1703, au traitement de 1 denier par livre de toutes les impositions royales, la capitation exceptée : les commissaires nommés par l'assiette n'étaient alors que de simples vérificateurs.

En 1710, Guillaume Bauduer, avocat, remplaça le syndic de Renaud, nommé maire de Lavaur, et en 1723 nommé lui-même subdélégué, il fut remplacé par Hugues Mage; à celui-ci succéda, en 1740, Alexandre Defos. Germain Devoisins-Lavernière, nommé ensuite syndic, passa subdélégué en 1754 et fut remplacé par Etienne Bauduer de Teyssode, qui exerçait encore en 1788. — Thomas Branque était greffier au commencement de ce siècle; en 1723, on lui adjoignit, à cause de son grand âge, Guillaume Bauduer, qui remplit ses fonctions jusqu'en 1754, qu'il fut remplacé par Guillaume-Joseph Carrère, avocat : celui-ci se démit en 1760 et fut remplacé par Jean-Jacques Bouniol de Pugnière', auquel avait succédé, en 1783, Joseph Nicolet (1).

D'après le règlement de 1725, le *bureau pour la confection des rôles* et celui de la *direction des affaires du diocèse pendant l'année* devaient être composés de l'évêque ou de son grand vicaire, du baron ou de son envoyé, du juge et des maire et consuls de la ville capitale et des députés des villes qu'il serait nécessaire de leur adjoindre. Le règlement de 1762 y ajouta le syndic du chapitre. Le syndic et le greffier du diocèse faisaient partie naturellement de ces bureaux.

(1) Archives de la préfecture, Inventaire C, n°˙ 1175 à 1183.

CHAPITRE II.

§ 1. — *Impôts royaux, provinciaux et diocésains; leur répartition et leur perception.*

La première occupation des assemblées générales des diocèses était la répartition des tailles entre les communautés, d'où leur nom d'*assiettes.*

Les tailles étaient votées par les États de Languedoc en ce qui concernait les deniers accordés au roi et ceux qui étaient nécessaires pour les affaires de la province, et par les assemblées diocésaines pour les besoins particuliers du diocèse.

Le diocèse de Lavaur, suivant les tables de répartition entre les diocèses de la province arrêtées en 1530, payait 4,552 liv. 4 s. 10 d. par 100,000 liv. imposées par les États.

De 1618 à 1625, les tailles sont divisées en plusieurs articles. Le premier comprenait l'*aide*, la *crue*, les *réparations* et les *frais*; le second, qui était le *taillon*, se divisait en *augmentation de solde* et *ustensiles*; le troisième, qui portait les *deniers extraordinaires*, comprenait les *garnisons*, les *gratifications* (1) et les *dettes du pays*. Ces der-

---

(1) Voir, pour l'explication de toutes ces dénominations, comme aussi des impôts ci-dessous, *don gratuit*, *vingtièmes* et *capitation*, les *États albigeois*, au chap. II, p. 51 et suiv.

niéres augmentèrent beaucoup dans cette courte période. La part du diocèse de Lavaur, en 1618, était pour l'*aide*, 9,948 liv.; la *crue*, 2,729 liv.; les *réparations*, 546 liv., et les *frais*, 956 liv.; pour l'*augmentation de solde*, 3,262 liv., et les *ustensiles*, 491 liv.; pour les *garnisons*, 3,004 liv., et les *gratifications*, 3,124 liv.; les *dettes*, qui étaient alors de 7,370 liv., se portaient, en 1625, à 36,726 liv. : total en 1618, 31,431 liv., et en 1625, 60,652 liv.

Les tailles particulières au diocèse assuraient les dépenses d'utilité publique, le service des intérêts de ses dettes et les frais d'assiette, c'est-à-dire les indemnités données aux députés et aux officiers du diocèse. Anciennement il était accordé 5 liv. par jour à chaque député. Cette somme fut réduite, en 1608, à 50 sous; elle est déclarée insuffisante en 1623, ainsi que le fonds de 1000 liv. fixé par le règlement de 1608 pour la poursuite des procès et les affaires imprévues. D'après les comptes de 1619, « les dépenses pour la conservation et défense du général du diocèse » excédaient 3,000 liv.; en 1620, l'assiette demanda que ce fonds de 1000 liv. fût ainsi porté à 3,000 liv., et en outre que le syndic fût autorisé à emprunter au delà jusqu'à 1000 liv.; elle le demanda encore en 1623, et cette année les États appuyèrent sa demande.

En 1700, les tailles étaient divisées en sept *départements :* *aide, octroi et crue; taillon et augmentation de solde ; garnisons; mortes payes; étape générale; don gratuit, dettes et affaires de la province, épices et dettes du diocèse, et frais d'assiette.* Cette division fut observée jusqu'en 1789 (1).

Les impôts ont augmenté d'année en année. De 31,431 liv. en 1618, ils se portent, pour le diocèse, en 1700, à

(1) En 1707, il n'y eut que cinq départements, les deux premiers étant réunis au sixième, qui devint le quatrième; mais en 1712 on revint à la première division.

285,657 l., en 1738 à 317,510 l. et en 1788 à 524,739 l. ;
ils s'étaient même élevés en 1785 à 666,267 l. non compris
les 60,449 l. de la *capitation* et les 13,070 l. des *vingtièmes*, ce qui fait un total de 738,806 l. (1). Dans ces chif-
fres, le montant du premier département, *aide, octroi* et
crue, de 18,926 l. en 1700, se porte à 23,390 l. en 1738
et varie peu jusqu'en 1788 ; le *taillon* est toujours le
même 7,511 l. ; les *garnisons* toujours à 9,014 l. et les
mortes payes à 1,275 l. ; les *étapes* ont varié dans une
proportion décroissante 13,232 l., 6,729 l. et 2,919 l. ; le
chiffre des *deniers extraordinaires* a doublé, 228,445 l. en
1700, 246,588 l. en 1738 et 460,335 l. en 1788. Enfin les
frais des états et d'assiette ont augmenté beaucoup plus
encore : en 1785 ils se portent à 139,256 l.

Nous avons pour l'année 1756 (2) l'état de l'imposition
des *vingtièmes*. Le diocèse de Lavaur était taxé pour le
vingtième de l'*industrie* à 10,653 l. qui furent réparties
sur 43 communautés : *Lavaur* pour 1,398 l., *Puylaurens*
1,240 l., *Revel* 2,190 l., *Mazamet* 2,234 l., etc. Le vingtième des *offices et droits* se portait à 1,818 l. et celui des
biens fonds à 63,275 l. Les vingtièmes étaient encore
payés en 1788, et l'on a les rôles des *bacs, péages, leudes,
forges, fours* et *moulins* du diocèse. Les nobles supportaient
une part de ces impôts ; en 1712 et 1713 le diocèse emprunta 2,178 l. pour les frais de l'évaluation de leurs biens.

Quant à la *capitation* ou impôt payable par tête et suivant le rang et les facultés d'un chacun, on sait qu'elle
fut accordée en 1694 et qu'elle continua jusqu'en 1789 ;
elle était répartie par une commission particulière. Il est
dit dans le rapport de Simorre, délégué des Etats en 1734
pour vérifier, au sujet de la capitation, l'état des commu-

(1) Archives de la préfecture, C. 1183.
(2) Id., C. 1213.

nautés du diocèse de Lavaur, que le principal de cet impôt, qui était de 28,740 l., était réparti sur 12,396 contribuables (1).

Le plus ancien état des *dettes* du diocèse fut vérifié en 1613 et se portait à 30,428 l. Les secondes guerres civiles, les charges de l'État qui nécessitèrent l'octroi de nouveaux subsides que les impositions ne pouvaient toujours suffire à payer, les travaux pour la navigation de l'Agout, et l'établissement des milices nécessitèrent des emprunts considérables qui firent monter les dettes du diocèse, en 1701, à 235,352 l. dont les intérêts, environ 13,500 l., étaient alors imposés. Le rachat de divers offices et puis la confection des chemins amenèrent de nouveaux emprunts, et en 1781 le diocèse devait 365,278 l. (2) : il consacrait en 1786 à l'amortissement 9,000 l., et en 1788, 12,000 l.

Les impôts étaient répartis sur les communautés par la commission instituée à cet effet, anciennement d'une manière arbitraire, mais après l'année 1570, suivant un tarif particulier d'allivrement dressé après arpentage de chaque communauté et évaluation de ses revenus. Ce tarif n'a presque pas varié jusqu'en 1789 ; on en a une copie

---

(1) Archives de la préfecture, C. 1232. — Sur ces contribuables, il y avait 31 officiers de justice, 112 gentilshommes, 197 bourgeois, 33 avocats et médecins, 39 procureurs, notaires et huissiers, 313 fabricants et marchands, 2,377 artisans, 3,276 fermiers, métayers et ménagers, 2,917 brassiers et domestiques, 405 valets et servantes, 509 valets de labour et bergers, 21 veuves de gentilshommes, 38 de bourgeois et avocats, 20 de notaires et marchands, 173 d'artisans, 419 de ménagers, 1117 de brassiers, 1 fils de gentilhomme, 15 de bourgeois, notaires et marchands, 120 d'artisans, 681 de ménagers et 218 de brassiers, 3 femmes de bourgeois et avocats séparées de leur mari, 7 femmes d'artisans séparées et 7 de ménagers et brassiers.

(2) Archives de la préfecture, C. 1206.

imprimée à Castres en 1609, par Pierre Fabry (1), et voici, d'après ce tarif, ce que devait payer chacune des 86 communautés du diocèse par mille livres d'impôts :

Lavaur	911.	17s.	11d. (2)
Puylaurens	99	6	1
Revel	67	»	9
Labruguière	44	13	7
Sorèze	26	11	6
Saint-Paul	19	7	6
Cuq	29	»	11
Saint-Amans	12	3	9
Hautpoul-Mazamet	37	11	4
Lastens	1	4	2
Saïx	15	18	11
Montmoure	2	10	8
Poudis	5	8	1
Montgey	10	16	5

(1) Archives des la préfecture, c. 191. — Ce recueil donne d'abord le tarif « du présage universel des provinces de la France et des vingt-deux diocèses du pays de Languedoc, » tarif précédé d'une dédicace aux magistrats et consuls du diocèse de Lavaur et d'un « brief discours de la nécessité que le peuple a d'être conduit par les rois, princes et magistrats. » Il donne encore le tarif des trois sénéchaussées de Languedoc pour la répartition des deniers qu'il leur conviendrait d'imposer, tarif accordé par les Etats en avril 1606 ; les diocèses de la sénéchaussée de Toulouse devaient payer par 1000 liv. : *Toulouse* (ville), 148 liv. 3 s. 8 d. ; *Toulouse* (diocèse), 256 liv. 15 s. 2 d. ; *Lavaur*, 190 liv. 7 s. 6 d. ; *Rieux*, 31 liv. 17 s. 9 d. ; *Comminges*, 7 liv. 14 s. 7 d. ; *Montauban*, 65 liv. 7 s. 6 d. ; *Saint-Papoul*, 97 liv. 10 s. 5 d. ; *Albi*, pour les 4/5 du diocèse de ladite sénéchaussée, 176 l. 11 s. 9 d. ; et *Mirepoix*, pour 1/3, 23 liv. 11 s. 9 d. — Donnons aussi le tarif des généralités du royaume. Pour 1.000.000 de liv., la *Bourgogne* payait 30,000 liv. ; la *Picardie*, 36.676 liv. ; le *Dauphiné*, 13,333 liv. ; la *Guyenne* et *Languedoc*, 405,533 liv. ; l'*Outre-Seine*, 147,200 liv. ; la *Normandie*, 246,606 liv. ; le *Languedoc*, 97,201 liv., et le *Lyonnais*, *Forez* et *Beaujolais*, 27,458 liv.

(2) Cette taxe était faite d'après l'estimation du consulat, qui se portait à 3,621 liv. 17 s. et de même pour les autres.

	l.	s.	d.
Roquefort	1	8	4
Cahuzac.	4	10	11
Durfort	2	17	8
Saint-Amancet.	2	8	6
Palesvilles	4	16	9
Las Touseilles.	2	4	5
Gaudels	3	15	1
Engarrevaques.	3	15	5
Belcastel.	13	8	11
Viviers-lès-Lavaur. . . .	3	14	9
Valcornouse.	2	1	9
Salespioussou	2	11	5
Massac	5	15	4
Montespieu.	3	7	4
Escousseus.	13	14	8
Viviers-lès-Montagnes. . .	23	16	5
Saint-Affrique.	6	11	6
Troupiac.	»	13	11
Teyssode.	23	15	10
Lugan.	9	2	10
Saint-Jean-de-Rives	4	13	1
Garrigues.	9	16	8
Saint-Lieux.	9	8	4
Saint-Agnan.	9	10	9
Senil.	4	6	8
Avezac	2	8	2
Villeneuve	7	15	10
Preignan.	6	2	3
Lacougote-Cadoul.	7	10	2
Juilh	3	»	11
Marzens.	7	15	11
Pratviel.	3	16	6
Seran.	5	1	6
Cambon.	4	5	1

Veilhes	6 l.	» s.	7 d.
Maurens.	8	17	3
Roquevidal.	9	8	1
Escaupons	3	1	»
Saint-Germier.	7	11	6
Cambonnet.	5	7	7
Saint-Germain.	19	1	5
Soual.	12	1	11
Lescout.	6	19	2
Verdale	11	10	10
Dourgne-et-Arfons (1).	24	12	5
Saint-Avit	5	3	2
Massaguel	9	19	4
Lagardiole	9	13	1
Lamothe.	3	2	2
Pechaudier.	9	5	9
Blan	1	12	11
Magrin	6	15	1
Lempeaut.	12	1	4
Lacrousilhe.	9	17	3
Algans	7	13	3
Bertre.	5	6	3
Prades.	4	6	7
Dournes.	3	16	8
Montlong (Saint-Sernin). . .	4	11	3
Lestap.	4	1	3
Appelle	5	3	11
Semalens	11	9	9
Caucalières.	5	4	2
Mouzens.	5	16	2
Aiguefonde (2).	9	19	2

(1) Dourgne prenait les 3/5 de cet allivrement, et Arfons les 2/5.

(2) La communauté de *Saint-Albi*, démembrée d'Aiguefonde, prenait les 7/21 de cet allivrement.

Aguts.	10 l.	19 s.	5 d.
Péchoursy.	4	13	1
Guitaleus.	3	18	8
Auxillon (1).	12	8	7
Flamarens (2).	»	15	1
Viterbe . . . . . . , . .	8	5	4
Bolleserre	2	13	6

Le montant des impôts à payer par chaque communauté, signé par le président et même suivant le règlement de 1725 par tous les membres de l'assiette, lui était expédiée sous le nom de *mande*, et le conseil de la commune, après y avoir ajouté ses dépenses propres, le répartissait sur les habitants et bien-tenants et en faisait faire la levée.

Une des prérogatives des Etats était de faire procéder, par leurs officiers, au recouvrement des impôts : un receveur particulier recevait les deniers des mains des receveurs municipaux nommés aussi par les communes. Mais, dès le milieu du seizième siècle, des offices de receveur furent établis ; ils furent rachetés en 1555 ; mais en 1572, Charles IX les rétablit, et son édit fut exécuté malgré les réclamations qu'il souleva ; il fut suivi, en 1573, de l'érection de l'office de *receveur alternatif* : le premier prit alors le titre de *receveur ancien*, et, quelques années après, il fut établi encore un *receveur triennal*. Les premiers receveurs pour le diocèse de Lavaur furent : Ramond Garrigues, Pierre Rech et Guillaume Barthe; Georges de Lagarde,

---

(1) Les trois communes en caractères italiques, *Gaudels*, *Péchoursy* et *Auxillon*, ne sont pas portées sur l'imprimé de 1609.

(2) Il est dit dans un registre de 1734 (Archives, c. 1228) que sur les 88 communautés du diocèse (notre liste n'en porte que 86, mais avec *Saint-Albi* et *Narés* on a les 88), deux n'avaient pas de préambule au rôle des impositions : *Flamarens*, dont le seigneur possédait tout le territoire et payait la taille entière, et *Narés*, qui ne payait que la capitation.

nommé le 26 juin 1617 *receveur alternatif*, sur la résignation qui lui avait été faite de cet office, fut agréé en 1619 par l'assiette, qui lui demanda une caution du quart des impôts à lever.

En 1666, on créa dans chaque commune les offices de *collecteur ancien* et *alternatif* des tailles, mais ils furent révoqués presque aussitôt. Les Etats proposèrent, pour les collecteurs des com.....es, un règlement approuvé en 1689, et encore en 1728, et d'après lequel chaque commune pouvait imposer pour droit de collecte 14 d. pour liv. si elle trouvait des collecteurs qui fissent *livre nette* et sans aucune reprise, ou bien 11 d. si elle prenait des collecteurs forcés ; pendant trois dimanches consécutifs la levée des impôts serait mise à la moins dite sur le pied de 14 d. ; s'il ne se présentait pas d'enchérisseur, les consuls désigneraient pour collecteur forcé un ou deux habitants parmi les habitants les plus allivrés ou ceux qui l'étaient médiocrement. Les collecteurs pouvaient faire procéder par saisie sur les fruits et les meubles, et puis sur les immeubles.

Les collecteurs des communes remettaient leur recette au receveur du diocèse. Les trois receveurs, ancien, alternatif et triennal, exerçaient à tour de rôle ; l'assiette recevait leur caution et leur donnait ses impôts à lever ; ils prenaient 6 d. pour livre. Les comptes étaient vérifiés par une commission et plus tard par l'assiette elle-même ; ils étaient ensuite soumis à la chambre des comptes de Montpellier. Les reprises n'étaient allouées aux receveurs que s'ils prouvaient avoir fait contre les redevables toutes les *diligences* nécessaires, même par emprisonnement des consuls.

L'assiette vérifiait les comptes des collecteurs des communes qui avaient été vérifiés déjà par les *auditeurs* particuliers. En 1702 on érigea en titre d'office les charges d'auditeur, examinateur et rapporteur des villes et lieux du Languedoc; mais les Etats rachetèrent ces offices et le diocèse de Lavaur paya pour sa part 5,257 liv. (1). Plus tard, en 1740, les commissaires du roi aux Etats projetèrent pour la reddition des comptes des communes un nouveau règlement que le syndic général de la province soumit aux diocèses. Celui de Lavaur demanda qu'il y fût ajouté que, dans les communes dont les impôts dépassaient 4,000 liv., les consuls pussent délivrer des mandats sur les fonds imprévus jusqu'à 10 liv. sans y être autorisés par le conseil; que les comptables qui n'auraient pas remis les comptes au greffe du diocèse dans les délais fixés y seraient contraints par garnison militaire, et qu'après la clôture, les comptes et les pièces justificatives seraient déposés au greffe de chaque commune où les intéressés pourraient en prendre connaissance plus facilement qu'au greffe du diocèse. Dès lors les comptes des communes furent arrêtés dans chaque diocèse par un auditeur nommé par les commissaires de l'assiette, et pour lequel le diocèse imposa annuellement 333 liv. pour honoraires.

En 1703, le diocèse ordonna l'exécution d'une ordonnance des commissaires du roi aux Etats portant que les communes ne poursuivraient aucun procès et ne feraient aucune acquisition, réparation et emprunt sans en avoir obtenu la permission de l'intendant. Le diocèse avait un droit de contrôle sur la répartition de l'impôt dans chaque commune, et il était juge de l'opportunité du renouvellement des cadastres (2). Aussi il était responsable du paiement des impôts de chaque commune, et si l'une d'elles ou bien encore les personnes de *main forte* étaient reconnues

---

(1) Archives de la préfecture, dettes du diocèse, c. 1706.
(2) En 1701, le maire de Puylaurens présente le cadastre de la commune à l'assiette, qui décide qu'il n'y a pas lieu d'en faire faire un nouveau.

insolvables, il prenait à sa charge, en tout ou en partie, le montant de leur cotisation.

Par personne de *main forte* on entendait les gentils-hommes, les seigneurs ou les officiers de justice contre lesquels les collecteurs ne pouvaient exercer de saisie et dont ils devaient remettre la liste au syndic du diocèse. Ainsi, en 1711, le diocèse emprunta 1,000 liv. pour actionner en justice le seigneur de Massaguel, et le parlement permit la saisie de sa terre pour paiement des tailles et arrérages liquidés à 11,070 liv. Les quelques habitants du lieu de Massaguel, qui était alors presque entièrement démoli, demandèrent à être déchargés de leurs impositions; des commissaires furent nommés, et, en 1713, l'assiette vota pour être répartie sur tout le diocèse le montant en impôt des 8 liv. 8 s. 3 d. d'allivrement des biens abandonnés de ce consulat. En 1744, le délégué des Etats, pour vérifier les communautés du diocèse de Lavaur constata qu'il y avait plus de 6,000 seterées de terres incultes et abandonnées (1).

§ 2. — *Affaires particulières, agriculture, industrie et commerce ; canaux et chemins.*

1. — *Dépenses particulières au diocèse.*

Le diocèse payait d'abord une indemnité aux députés à l'assiette et des honoraires à ses officiers. On a vu que l'indemnité fixée à 5 liv. par jour et réduite à 50 s. était considérée, en 1623, comme insuffisante. En 1626, les frais d'assiette furent arrêtés à 2,772 liv., savoir : au marquis

.

(1) Archiv. de la préfect., c. 1277. — Il est dit dans le rapport que quelques terres abandonnées, notamment à Lavaur et à Pechourcy, pourraient avantageusement être plantées en vigne si le roi le permettait.

d'Ambres, commissaire principal, 500 liv. ; au juge de
Villelongue, commissaire ordinaire, 250 liv., à chacun des
autres commissaires ordinaires 42 l. 10 s. ; à chacun des députés, au procureur du roi, aux deux syndics des 24 consulats, au syndic général, au syndic ambulatoire et au greffier, 85 liv. (1). Il fut réglé en 1634 que chaque député
recevrait, quelle que fût la durée de l'assemblée, une indemnité de 60 liv.; le fonds pour dépenses imprévues fut
laissé à 1,000 liv. En 1659 un arrêt du conseil ajouta aux
frais d'assiette la pension de 600 liv. accordée aux religieux de la Doctrine chrétienne établis à Lavaur, laquelle
fut augmentée, en 1680, de 150 liv. pour la moitié des
300 liv. données au professeur de philosophie (2).

Ainsi en 1700, les frais d'assiette se portaient à 3,780
liv. (3); venait ensuite l'indemnité aux trois députés du
diocèse aux Etats du Languedoc, fixée à 6 liv. par jour,
et qui se portait à 1,476 liv., puis 200 liv. pour réparation
des ponts et chemins, 600 liv. pour les frais de la garde
bourgeoise et 164 liv. pour droit de recette, soit, en tout,
7,254 liv. pour les dépenses du diocèse.

En 1738, ces dépenses s'élèvent à 23,003 liv., portant en

---

(1) Archiv. de la préf., c. 1168. — L'indemnité était payée, même quand
le député n'assistait pas à la réunion, pourvu que son absence fût justifiée.

(2) Délibération de l'année 1700.

(3) Savoir : 60 liv. à l'évêque, 200 liv. à l'assesseur du commissaire principal, 92 liv. 10 s. au juge de Villelongue', 60 liv. au syndic du chapitre,
240 liv. aux députés de Lavaur, 120 liv. aux députés de chacune des villes de
Puylaurens, Revel, Labruguière, Sorèze et Saint-Paul, 60 liv. au député de
chacune des villes de Cuq, Mazamet et Saint-Amans, 60 liv. aux syndics
des vingt-quatre consulats, 80 liv. au syndic pour assistance à l'assiette,
12 liv. 10 s. au procureur du roi pour assistance à la lecture des commissions et pour ses réquisitions, 380 liv. au greffier, 25 liv. pour l'impression
des mandes, 100 liv. aux religieux mendiants, 10 liv. aux valets des consuls de Lavaur pour leurs services pendant l'assiette, 10 liv. au concierge
de la maison de ville, 750 liv. aux doctrinaires et 1000 liv. pour les dépenses imprévues.

plus 306 liv. pour la part de l'Alborgue, établie depuis 1703
pour l'extinction du droit de cosse, à Narbonne, 200 liv.
pour un professeur de théologie, 166 liv. pour logement
des commissaires des guerres, 180 liv. pour logement de
la brigade de maréchaussée, 150 liv. pour l'inspecteur du
pastel, 3,848 liv. pour le droit d'avance du premier terme
des impositions à raison de 2 1/2 pour cent, 9,265 liv.
pour logement des troupes en quartier d'hiver dans le
diocèse, 1,969 liv. pour le denier et demi pour livre, et
142 liv. pour la reprise des 8 liv. 8 s. d'allivrement du
consulat de Massaguel à cause de ses maisons démolies et
des biens abandonnés (1).

En 1755, l'assiette demanda qu'on ajoutât aux 3,600 liv.
du règlement de 1634 une augmentation pour les députés, pour la maréchaussée, pour diverses gratifications,
pour la messe du Saint-Esprit et pour les honoraires du
commissaire auditeur des comptes des communautés (2);
qu'on élevât de 500 liv. le fond des dépenses imprévues
et qu'on affectât 3,000 liv. pour l'entretien des chemins
du diocèse. Le règlement du 17 décembre 1759 porta à
7,229 liv. 10 s. les dépenses ordinaires de l'assiette ; un
autre règlement, du 14 décembre 1776, les éleva à
7,930 liv. 10 s. On ajoutait à ces dépenses, en 1788, les

(1) Délibération du 19 mai 1712.
(2) Ainsi, 30 liv. pour la messe du Saint-Esprit et 50 liv. pour les prêtres
chargés de dire la messe les dimanches et fêtes dans la chapelle de l'hôtel de
ville, 333 liv. pour les commissaires auditeurs des comptes, 500 liv. pour les
gages du syndic, 1200 liv. pour l'entretien de la ligne d'étape de Lavaur à
Puylaurens, 100 liv. au secrétaire de l'intendant pour les services qu'il rend
au diocèse, 60 liv. de gratification au brigadier de la maréchaussée, 22 liv.
aux cavaliers de la maréchaussée qui accompagnent le corps de l'assiette
et font la garde à la porte de l'hôtel de ville, 3 liv. au trompette, 6 liv. au
concierge, 30 liv. au receveur pour le papier timbré, 35 liv. au syndic pour
port de lettres et paquets, et 15 liv. pour frais de convocation de l'assiette.

épices pour la chambre des comptes de Montpellier et
pour les trésoriers de France, les honoraires de l'inspecteur des travaux publics, et l'entretien d'élèves à l'école
vétérinaire et au cours d'accouchement établi à Castres.

2. — *Prévôt et maréchaussée.*

On sait qu'en 1563 chaque diocèse eut son lieutenant
de prévôt. En 1696 le roi créa des offices de prévôt, lieutenant de prévôt et exempts diocésains; mais il révoqua
son édit en 1697 à la prière des États, qui lui accordèrent
pour cela une somme considérable, et le diocèse de Lavaur emprunta pour sa part de cette somme 12,884 liv.
En 1703 l'assiette imposa en moins les 920 l. des gages
du prévôt et de ses archers.

En 1720 le roi créa de nouvelles *compagnies de maréchaussées*. En 1722, une brigade était en résidence à Lavaur, et le diocèse dut imposer annuellement 180 l. pour
son logement, et plus tard 60 l. en plus pour loyer des
écuries et des granges (1). En 1778 les brigades des maréchaussées durent avoir des casernes. Le diocèse loua à
cet effet une maison, et puis il voulut faire construire un
bâtiment particulier entre la Carlesse et le pont sur l'Agout,
dont le devis se portait à 25,170 l. que l'assiette de 1788
demanda l'autorisation d'emprunter.

Ajoutons qu'en 1690 le diocèse avait emprunté 16,181 l.
pour les *milices*, et de 1691 à 1696, 33,846 l. En 1704 il
affecta 2,000 l. à la réparation des armes de deux *compagnies bourgeoises*, et il imposait, de 1700 à 1713, par an
600 l. pour les frais d'inspection de ces compagnies.

(1) Le diocèse accordait aussi, comme il vient d'être dit dans la note
précédente, une gratification au brigadier et aux cavaliers de la maréchaussée pour services pendant l'assiette.

3. — *Assistance publique.*

Anciennement le diocèse donnait 100 l. en aumône aux religieux mendiants, savoir 40 aux Cordeliers de Lavaur, 25 aux Capucins, 25 aux religieuses de Sainte-Claire et 10 aux Jacobins de Revel. En 1755 il fut question de porter cette subvention à 200 l. ; en sus, le diocèse donnait 225 l. à l'évêque pour distribuer en aumônes.

En 1614, l'assiette accorda 600 l. aux Capucins de Lavaur pour la construction de leur couvent, et 300 l. à la ville de Saint-Paul pour la construction d'un hôpital (1).

En 1724 le roi ordonna que tous les pauvres mendiants, valides ou non, de l'un et de l'autre sexe, fussent enfermés dans les hôpitaux. L'évêque de Lavaur exposa à l'assiette de 1725 que cette mesure avait été prise dans le but « de supprimer la fainéantise à laquelle la plupart des pauvres sont portés par les aumônes qui leur sont faites, quoiqu'ils soient en état de travailler. » Il importait donc de prendre les moyens pour éteindre la mendicité et obliger ainsi une infinité de personnes à s'attacher à la culture de la terre ou à prendre des métiers. Les bâtiments de l'hôpital général de Lavaur, situés dans l'enceinte de la ville et mal aérés, étaient insuffisants pour recevoir tous les pauvres ; on avait décidé de construire un nouvel hôpital dans les faubourgs, et les administrateurs demandaient pour cela un secours au diocèse. L'assiette décida qu'il serait, à cet effet, établi pendant dix ans une subvention de un denier par livre petite de viande de boucherie et de porc frais, sur tous les lieux du diocèse ; « l'hôpital dveant recevoir les pauvres de toutes les

(1) En 1622, l'assiette rejeta une demande de secours des Augustins de Fiac, au diocèse de Castres, pour le rétablissement de l'église de leur couvent, ruinée par les protestants.

communes, celles-ci devaient toutes contribuer à sa construction. » L'assiette de 1726 limita cette subvention aux
villes de Lavaur, Puylaurens, Revel, Labruguière, Sorèze,
Saint-Paul, Mazamet, Saint-Amans, Dourgne, Soual et
Viviers-lès-Montagnes, et un arrêt du conseil du 20 mai
1727 en autorisa la perception (1).

4. — Instruction publique.

En 1653 le diocèse accorda aux Pères de la Doctrine
chrétienne, qui s'étaient, depuis 1641, établis à Lavaur
pour diriger le collège de cette ville, une pension de 600 l.
pour qu'ils y professassent la seconde et la rhétorique (2).
Cette pension fut autorisée par un arrêt du conseil du
11 juillet 1659. Plus tard, en 1680, le diocèse délibéra et
fut autorisé, en 1681, de payer 150 liv. de plus pour la
moitié des frais du cours de philosophie, la ville devant
payer l'autre moitié; en 1722 on y ajouta 200 l. pour le
cours de théologie, et ainsi le diocèse servait aux doctrinaires une pension de 950 l. En 1725 il leur accorda
2,000 l. pour la réparation et la construction des salles de
classe.

En 1782 les Etats de Languedoc, répondant aux vues
du gouvernement, proposèrent d'établir dans le haut Languedoc deux cours permanents d'accouchement, l'un à
Toulouse et l'autre à Castres; le diocèse de Lavaur enver-
rait six élèves à celui de Castres et imposerait pour les
frais 400 liv. L'assiette de 1785 adhéra à cette proposition,
et les dépenses pour l'année d'après se portèrent à 500 l.

Le diocèse délibéra, en 1783, de payer les trois quarts
de la dépense d'entretien d'un élève à l'Ecole vétérinaire

---

(1) Archives de la préfecture, c. 1271.
(2) <i>Hist. gén. de Languedoc</i>, éd. Privat, t. X, c. 1032 : Procès-verbal de
la visite du collège de Lavaur par Louis de Froidour, en 1668.

de Charenton, les parents de l'élève s'obligeant à payer l'autre quart : il paya pour cela 336 liv. en 1784 et même 500 liv. en 1788.

5. — *Agriculture, industrie et commerce.*

Dès la plus grande ancienneté, le *pastel* était cultivé à Lavaur. Le 17 octobre 1699 le conseil du roi régla le mode de culture de cette plante, et l'assiette de Lavaur, en 1700, chargea le syndic de veiller à l'exécution de ce règlement : il visiterait les terres semées, les moulins où l'on préparait les feuilles et enfin les magasins des débitants. Le pastel faisait encore, en 1727, l'objet d'un commerce important ; mais les acheteurs se plaignaient de la mauvaise qualité de celui qui venait des diocèses de Toulouse, Albi et Lavaur. Un nouvel arrêt du conseil, du 14 décembre 1728, reproduisit les prescriptions de celui de 1699 et enjoignit aux diocèses de nommer un inspecteur particulier pour visiter les terres semées, les moulins pour réduire les feuilles en pâte et en faire des *cocs* ou pains, et les magasins où l'on broierait ces pains. L'assiette de Lavaur nomma inspecteur Pierre de Voisins, auquel une ordonnance du 19 décembre 1732 attribua 150 liv. de gages qui furent imposés jusqu'en 1738 : alors la culture du pastel était presque entièrement tombée, par suite de l'introduction de l'indigo, et elle ne se releva pas dans ce diocèse.

En 1726 le syndic communiqua à l'assiette une demande de renseignements de la part des États, au sujet des dommages portés à la production du blé par la semence d'une trop grande quantité de *maïs*. Il n'était pas possible de faire à ce sujet un bon règlement, attendu la différence de nature des terres, les unes pouvant produire beaucoup de maïs et les autres pas du tout ; mais on engagerait les cultivateurs à ne pas en surcharger leurs terres. Cependant un règlement à ce sujet fut communiqué aux diocèses.

Celui de Lavaur, en 1728, estima qu'il conviendrait de limiter la semence du maïs à une seterée par paire de labourage et à moitié seterée par *brassier*.

Il était défendu de planter des vignes sans autorisation. Un arrêt du conseil du 5 juin 1731 renouvela cette défense, et on a vu qu'en 1734 il·est dit que beaucoup de terres incultes pourraient avantageusement être plantées si le roi le permettait. Cet arrêt était encore en vigueur en 1750, car cette année un propriétaire de Moussans, au diocèse de Narbonne, fut condamné à 3,000 liv. d'amende pour avoir fait une vigne sans autorisation (1).

Le diocèse, en 1758, acheta pour modèle le *semoir* de l'abbé de Soumille, qui s'adaptait à la charrue du pays et laissait tomber un à un dans le sillon, et à une profondeur égale et suffisante, les grains qui, au même instant, étaient recouverts de terre. Il proposa, en 1787, de donner une prime pour la destruction *des loups* et, sur son initiative, les États invitèrent chaque diocèse à accorder une gratification qui pourrait aller jusqu'à 18 liv. par loup, 24 liv. par louve et 6 liv. par louveteau : il fixa lui-même la prime à 12 liv., 18 liv. et 6 liv. A cette époque l'assiette donnait un avis favorable pour faire obtenir à Lecamus, bourgeois de Castres, et à Fieuzet, avocat à Giroussens, qui avaient organisé chacun un *haras* dans le diocèse de Lavaur, la subvention que les États accordaient dans ce cas.

Des indemnités étaient accordées aux propriétaires pour dommages aux récoltes. En 1755 et encore en 1788 le diocèse donnait 500 liv. au syndic pour la vérification de ces dommages. Quand les dégâts provenaient des inondations, on prenait des mesures pour empêcher les débordements des rivières et des ruisseaux.

La petite rivière du Sor, qui prend sa source dans la

---

(1) Archives de la préfecture, c. 1271.

montagne Noire, près de Sorèze, et traverse la plaine de
Revel pour aller se jeter dans l'Agout, près de Vielmur,
débordait souvent; mais ses débordements furent bien
plus fréquents et plus considérables après la confection
des travaux qui amenaient les eaux de la montagne au
canal du Languedoc. Les eaux des ruisseaux d'Alzau, Ber-
nassonne, Rieutort et Lampy se jetaient dans la rivière de
Fresquel et jamais dans le Laudot et le Sor; mais les
constructions pour le canal les détournèrent de leur cours,
et quand on fermait certaines écluses de la rigole, ou que
l'on ouvrait le bassin de Saint-Ferréol et qu'on fermait en
même temps l'écluse des Thomases, l'eau inondait toute
la campagne, rendait les chemins impraticables, ensablait
les terres, emportait les maisons, et le Sor, grossi déme-
surément, ravageait tous ses bords. En 1703 il endom-
magea les ponts de Semalens et de Soual. Vingt-deux communes se plaignirent de ses ravages à l'assemblée du
diocèse, qui en fit part aux États; d'un autre côté, le diocèse de Saint-Papoul se plaignait aussi des dégâts que lui
occasionnaient les co...ructions du canal, et les États
ordonnèrent la vérification des rivières pour connaître la
cause des inondations et pourvoir aux moyens de s'en
garantir. Sur le rapport de ses commissaires et des ingé-
nieurs du canal, il fut fait, le 28 janvier 1739, entre les
diocèses de Lavaur et de Saint-Papoul et les propriétaires
du canal, des conventions réglant les travaux à faire par
les deux parties. Ces travaux furent approuvés par les
États le 29 janvier et par un arrêt du conseil le 11 mai,
et de nouveau par les États en 1740 et par un autre arrêt
du 5 juillet, à la suite duquel les États, le 4 janvier 1741,
accordèrent au diocèse de Lavaur une somme de 12,000 l.
à condition qu'il fournirait le surplus de la dépense, et
que ces 12,000 liv. ne seraient payées que lorsque les
deux tiers des travaux seraient exécutés.

Les communes et le diocèse ne purent faire les avances
nécessaires; de leur côté, les propriétaires du canal ne
firent qu'une partie des travaux qui les regardaient, et le
Sor et le Laudot continuèrent leurs ravages. Le Laudot
traversait, dans la plaine de Revel avant de se jeter dans
le Sor, plusieurs communes du diocèse de Toulouse, et ces
communes joignirent leurs réclamations à celles des communes du diocèse de Lavaur. Aussi, en 1754, à la suite
d'une grande inondation, le diocèse de Lavaur fit charger
le sieur de Saget, directeur des travaux du Languedoc,
de dresser de nouveaux plans et devis qui se portèrent à
83,136 liv. dont 53,896 liv. pour les travaux, 10,000 liv.
pour la valeur des terres à couper pour le redressement
du lit et 19,150 pour dédommagement aux propriétaires
qui auraient à démolir leurs moulins. Sur cette somme, le
diocèse de Lavaur devait donner 79,636 liv. et celui de
Toulouse 3,500. L'assiette de Lavaur vota un premier emprunt de 12,000 liv. pour mettre aussitôt la main à l'œu-
vre; le conseil du roi, le 20 août 1755, approuva les
travaux et ordonna que les propriétaires des moulins les
démoliraient dans les trois mois, moyennant une indemnité réglée à l'amiable ou par experts nommés par l'intendant; les communes, pour leur part de la dépense,
pourraient cotiser les biens nobles. De nouveau, le 4 décembre 1757, les commissaires du diocèse délibérèrent
d'activer les travaux d'endiguement et d'emprunter
12,000 liv.; ce qu'un arrêt du conseil, du 10 mai 1758,
autorisa.

Mais ces travaux ne furent pas encore exécutés, à cause
de nombreuses oppositions tant des particuliers que des
communes, demandant toutes une nouvelle vérification,
que le sieur de Gendrier, inspecteur général des ponts et
chaussées, fut chargé de faire. Celui-ci, dans son rapport
du 6 novembre 1763, trouva que les travaux ordonnés par

l'arrêt de 1755 ne pouvaient remédier au mal, et, s'attachant à la cause des inondations, il la trouva dans l'inexécution, de la part des propriétaires du canal, des conventions de 1739 qu'on devait les forcer à exécuter (1).

Cette année, l'archevêque de Narbonne ordonnança le paiement d'une somme de 6,000 liv., en faveur du diocèse de Lavaur, qui vota de son côté un autre emprunt de 12,000 liv.; mais il ne fut encore rien fait.

En 1784, le diocèse de Toulouse prenant l'initiative de nouvelles démarches, chargea son syndic de s'entendre avec celui de Lavaur pour poursuivre ensemble l'exécution des travaux pour prévenir ces innondations, et le diocèse de Lavaur, le 14 avril 1785, pria le roi d'ordonner qu'en conséquence du rapport de 1763, il serait sursis à l'exécution des travaux prescrits en 1755, qu'une carte serait dressée du Sor et du Laudot, et que les travaux qu'il y aurait à faire seraient soumis aux propriétaires du canal qui, n'ayant pas été appelés à la vérification de 1763, pouvaient la contester. Sur cette requête, le 9 octobre 1785, le roi commit le sieur Ofarel, directeur des travaux publics du Languedoc, pour dresser les plans et évaluer les travaux à faire, pour le tout être communiqué aux diocèses et aux propriétaires du canal. Mais, « par une fatalité » uniquement réservée à cette affaire, » Ofarel refusa de se charger de cette mission, et les diocèses de Lavaur et de Toulouse, auxquels s'était joint celui de Saint-Papoul, prièrent le roi de lui substituer le sieur Laupies, direc-

(1) Il estimait que ces propriétaires étaient responsables des dommages et devaient une indemnité aux particuliers. La perte des grains, évaluée à 8,000 liv. par an, se portait, pendant les vingt-quatre années, de 1739 à 1763, à 192,000 l.; mais les propriétaires des moulins sur le Laudot et le Sor, par l'excessive hauteur de leur déversoir, ayant contribué à l'importance des inondations, devaient supporter une moitié de cette perte, et il restait toujours à la charge des possesseurs du canal une indemnité de 96,000 liv., qu'ils devaient être forcés à payer.

teur des travaux du diocèse de Toulouse, qui fut, en effet, commis à ce travail par un arrêt du 9 août 1786. Le diocèse de Lavaur chargea le syndic Bauduer, de Teyssode, et Ourliac d'assister aux opérations de Taupies (1) ; mais nous ne savons pas quel en fut le résultat.

Le diocèse de Lavaur s'intéressa, à diverses époques, à faire limiter les droits de leude et péage, qui étaient des entraves pour le commerce.

En 1618, il accueille les plaintes des habitants de Cuq et de Cambon, au sujet de la levée de nouveaux subsides, et d'un droit de leude et péage sur le bétail qui passait au lieu de *Latrivaille*, sur le grand chemin de Puylaurens. En 1700, le syndic du diocèse est chargé d'aller à Toulouse demander au propriétaire du droit de péage, au pont de *Lasbordes*, sur le Lhers, communication de ses titres, et, en cas de refus, de se concerter avec le syndic du Languedoc, pour l'actionner en justice (2). Enfin le diocèse payait une albergue pour l'extinction du droit de *cosse*, établi à Narbonne; en 1698, il fut condamné à donner 2,218 liv. pour les arrérages, et, le 12 décembre 1702, un arrêt du conseil fixa à 306 liv. le montant de l'albergue, qu'il paya régulièrement jusqu'en 1788.

Le mûrier et le vers à soie, connus en Chine et dans la Haute Asie, dès l'antiquité la plus reculée, furent introduits à Constantinople vers 527 ; au douzième siècle, Roger, roi de Sicile, les transporta dans ses États, d'où ils ne tardèrent pas à se répandre dans quelques contrées de l'Italie, et les seigneurs de la suite de Charles VIII les apportèrent en Provence. Les rois de France protégèrent la culture

---

(1) Archives de la préfecture, c. 1247 à 1251.

(2) Le fermier du pont de Lasbordes, dans le gardiage de Toulouse, percevait des rentes en grains dans cinquante-trois localités des diocèses de Toulouse et de Lavaur et du comté de Caraman (*L'Agriculture et les classes rurales*, par Théron de Montaugé, p. 51).

du mûrier, qui prit une grande extension dans le Midi, et, dès la fin du seizième siècle, Lavaur obtint des plants de mûrier des pépinières de Nîmes : il y eut bientôt beaucoup de ces arbres, et, en 1664, des filatures furent établies à Lavaur (1). En 1739, le sieur Cabanis leva une nouvelle filature en cette ville, et, peu après, l'intendant du Languedoc promit de lui faire accorder, pendant dix ans, une gratification annuelle de 3,000 liv. pendant les quatre premières années, de 2,000 liv. les trois années suivantes et de 1,000 liv. les années restantes, et à payer moitié par les États et moitié par les diocèses de Castres et de Lavaur : celui-ci imposa, en 1746, sa part de cette gratification. Mais, en 1753, Guiraudet ayant succédé à Cabanis, les États lui refusèrent le paiement de la gratification promise pour les dernières années du traité, par la raison que ce traité était au nom personnel de Cabanis ; et de son côté, comme il y avait à Lavaur un nombre suffisant d'ouvriers fileurs, le diocèse trouva qu'il n'y avait aucun avantage à continuer sa subvention et ne voulut pas imposer en faveur de Guiraudet la somme promise à Cabanis.

En 1755, Jacques Reboul, fabricant d'Avignon, se proposa d'établir à Lavaur une manufacture d'étoffes de soie (2). Les commissaires du diocèse traitèrent avec lui, le 26 février 1756 ; ils lui promirent une gratification de 20,000 liv. payables, 5,000 liv. quand il aurait installé ses ouvriers, et puis 5,000 liv. par an, pendant trois ans, et Reboul s'engageait à avoir d'abord 60 métiers et à les augmenter successivement de 36 par an, pendant quatre ans ; il enseignerait annuellement dix apprentis et renoncerait à tout privilège exclusif de fabrication, de telle sorte que les

---

(1) *Guide dans le département du Tarn*, par M. Compayré, p. 169.

(2) Il voulait lever d'abord 50 métiers (20 pour le damas et la brocatelle, et 30 pour la moire et le taffetas) et les porter ensuite à 300, et y ajouter des moulins à ouvrer les soies en organsin et en trame.

particuliers pourraient, comme précédemment, faire filer
leur cocons et travailler la soie comme ils l'entendraient.

Les Etats approuvèrent ce traité; ils accordèrent à Reboul 4,000 liv. pour avoir un teinturier capable, et chargèrent le syndic d'obtenir un arrêt du conseil qui accordât
à son établissement les mêmes avantages qui avaient été
donnés, le 25 septembre 1755, à celui de Saint-Servan, au
Puy. L'arrêt du conseil fut rendu le 25 juillet 1757 : « la
» manufacture de Lavaur sera réputée royale, et, en con-
» séquence, permet le roi de mettre un tableau à ses armes
» au-dessus de la principale porte d'entrée avec cette
» inscription : *Manufacture royale de Lavaur*, comme aussi
» d'avoir un portier à la livrée du roi, voulant de plus
» que les personnes qui s'intéresseront dans cet établis-
» sement puissent le faire sans déroger à leur noblesse;
» on fera appliquer sur toutes les étoffes le plomb portant
» ces mots *manufacture royale d'étoffes de soie de Lavaur*
» par un inspecteur ou par l'un des consuls et, moyennant
» ce, lesdites étoffes pourront entrer et circuler librement
» dans tout le royaume, sans payer aucun droit de douane
» ni autre. »

Mgr de Fontanes, évêque de Lavaur, eut beaucoup de
part à cet établissement, pour la prospérité duquel il aurait
appelé, en cette ville, le célèbre Vaucanson. Reboul
fut autorisé, le 28 février 1760, à faire usage des moulins
et tours construits par ce mécanicien; on lui avança
20,000 liv. payées moitié par le roi et moitié par la province,
puis le diocèse, autorisé par arrêt du 21 octobre 1762, lui
prêta son crédit pour une pareille somme de 20,000 liv.,
et enfin les Etats, le 25 octobre 1762, lui donnèrent un
cylindre Vaucanson du prix de 8,400 liv. et lui accordèrent
1,500 liv. pour le logement du directeur de la manufacture qui fut installée dans les bâtiments de l'hôpital général de Lavaur, cédés à Reboul pour un loyer de 1,500 liv.

Tous les éléments de prospérité paraissaient assurés pour cette entreprise, et cependant elle échoua presque dès le début. Reboul s'était associé Jean Roux, négociant de Lyon; ils se brouillèrent bientôt et l'un et l'autre quittèrent le pays. Le 26 mars 1768, la dame de Pomérat, épouse Roux, fit saisir les effets de la manufacture, et le diocèse fut autorisé, par arrêt du 3 mai même année, à louer les machines; mais aucun fermier ne se présenta, et un nouvel arrêt du 18 février 1772 ordonna la vente des moulins et des tours, à l'exception seulement du cylindre (1). — Ainsi tomba cette entreprise sur laquelle on avait fondé les plus belles espérances. Cependant les ouvriers du pays ne cessèrent pas leur travail et il resta à Lavaur une filature de soie importante.

Il y avait, dans le diocèse de Lavaur, des manufactures d'étoffes à Dourgne, à Labruguière, à Mazamet et à Escoussens; en 1788, il y avait huit martinets de cuivre et deux martinets de fer à *Durfort*, et trois moulins à papier, un à frise, six à foulon et un à scier à *Mazamet* (2).

Enfin, rappelons qu'en 1760, le diocèse votait une subvention annuelle, et, pendant neuf ans, de 400 liv. à Combes de Castres, pour l'établissement d'une diligence partant de Castres trois fois la semaine pour Toulouse en passant par Lavaur.

6. — *Canaux et Chemins.*

L'Agout séparait les diocèses de Lavaur et de Castres, dans la plus grande partie de son parcours. Au commencement du dix-septième siècle il fut question de le canaliser depuis Saint-Sulpice, où il se jette dans le Tarn, jus-

(1) Procès-verbaux de l'assiette et pièces détachées, c. 1270.
(2) Archives de la préfecture, c. 1213.

qu'à Castres (1). Ce projet intéressait les deux diocèses et
nous en avons déjà parlé dans notre étude sur le diocèse
de Castres. En 1667, celui de Lavaur avait déjà affecté
37,969 liv. aux travaux de canalisation de l'Agout, lorsqu'il
fut question d'y appliquer le produit d'une subvention de
4 deniers par livre de viande, 2 den. par livre de poisson
et 40 sous par pipe de vin que vendraient les marchands
et cabaretiers des deux diocèses. Le 18 mai 1667, l'assiette
de Lavaur consentit à la levée de cette subvention pendant
dix ans.

Les travaux furent adjugés en 1672 et devaient être ter-
minés le 31 décembre 1679; ils ne le furent qu'en 1684,
et aussitôt il fut procédé à leur vérification par le père
Mourgues, inspecteur du canal des Deux-Mers, délégué de
l'intendant et par l'évêque de Lavaur, délégué des Etats,
assistés des syndics des diocèses de Castres et de Lavaur :
tous ne furent pas trouvés recevables; il y eut beaucoup
de difficultés pour le règlement de cette affaire, et cette
grande entreprise, pour laquelle on avait tant dépensé et
qui pesa longtemps sur les finances du diocèse (2), échoua
complètement : un arrêt du conseil, du 6 mars 1691, permit aux diocèses de faire démolir les écluses et d'en ven-
dre les matériaux. Les propriétaires des moulins protes-
tèrent, et, en 1701, le diocèse de Lavaur décida que lorsque
les démolitions auraient lieu, il ferait fermer, à ses frais,
les écluses et rétablirait les chaussées dans leur ancien
état.

Les écluses de Saint-Sulpice-la-Pointe et de Saint-Jean-
de-Rives furent conservées. En 1709, le syndic du diocèse

---

(1) Le 3 novembre 1632, les consuls et un bourgeois de Lavaur sont chargés, par le conseil de ville, d'assister dans les opérations le commissaire du
roi chargé de visiter l'Agout pour sa canalisation.

(2) Encore en 1701, le diocèse payait 2,397 liv. pour intérêts des sommes
empruntées pour la canalisation de l'Agout.

s'entendit avec le sieur de Montgaillard, au sujet de la liberté du passage sur son terrain pour aller à cette dernière écluse. En 1727, les deux écluses étaient hors d'état de servir au passage des bateaux « tant pour le transport des » grains, pastel et autres denrées de ce diocèse à Bordeaux » que pour celui des marchandises de Bordeaux dans ce » diocèse. » L'assiette délibéra de les faire réparer et proposa d'établir, pour leur entretien, un droit de péage de 6 den. par setier de grains et 3 den. par quintal de marchandises : le 18 mai 1727 le syndic fut autorisé à mettre en adjudication les travaux, qui se portaient à 4,000 livres.

Du côté de Revel, les travaux du canal des Deux-Mers avaient amené la canalisation de la rigole de la plaine jusqu'à Naurouse. En 1671 cette rigole était navigable ; elle avait dix-sept écluses et un port dit de Saint-Louis, auprès de Revel : elle fut abandonnée peu de temps après. Au commencement du dix-septième siècle, les villes de Dourgne, Labruguière, Mazamet et Escoussens en demandèrent le rétablissement pour le service de leurs manufactures. Le nommé Laval, de Revel, s'en chargea en 1705 : il éleva des batardeaux sur les ruines des anciennes écluses et il navigua jusqu'en 1725. Vingt ans après, on pensa à reprendre la navigation de la rigole. Le 6 juillet 1746, le bureau du diocèse de Lavaur déclara qu'elle serait d'un grand profit pour l'État, pour le diocèse, pour les manufactures de la montagne Noire et pour la plaine de Revel. Le syndic général s'en occupa, mais les propriétaires du canal des Deux-Mers soulevèrent des difficultés, et, dès le 24 août de cette année, formulèrent leurs plaintes à l'intendant.

Le projet fut repris en 1753, sous le patronage de Mgr de Fontanges, évêque de Lavaur. Les bureaux des diocèses de Castres (28 janvier 1754), de Toulouse (11 février) et de Saint-Papoul l'appuyèrent, et la ville de Revel

demanda, le 8 mars, aux Etats de Languedoc la navigation de la rigole dont ils ordonnèrent le rétablissement le
12 mars, après avoir entendu les adjudicataires du canal.
Mais ces derniers soulevèrent peu après des difficultés,
et s'y opposèrent formellement. La ville de Revel ne
pouvait lutter. Cependant, comme cette affaire avait une
grande importance, Jacques Sarrat et plusieurs autres
habitants traitèrent avec elle le 10 mars 1765 pour se
mettre à sa place. Ils offrirent à Maurice de Riquet, comte
de Caraman, et Gabriel-Alexandre de Riquet, seigneur de
Bonrepos, petits-fils de Paul Riquet, concessionnaires du
canal des Deux-Mers, de s'entendre à ce sujet; mais, ne
pouvant y arriver, ils demandèrent directement au roi la
concession de cette navigation à titre incommutable se
chargeant d'en faire tous les frais.

De Gendrier, inspecteur général des ponts et chaussées,
vérifia les lieux en 1766; il trouva que la navigation de la
rigole était possible, et qu'elle ne pouvait nuire au canal
des Deux-Mers. La chambre de commerce de Toulouse
et celle de Paris se déclarèrent pour l'utilité de cette
navigation, et, le 21 juin 1767, le roi fit communiquer la
requête de Jacques Sarrat aux frères Riquet. Ceux-ci,
alors, proposèrent, le 29 novembre de cette année, à la
ville de Revel, de rendre eux-mêmes la rigole navigable;
mais ne pouvant s'entendre avec elle, et rompant toute
négociation, ils s'adressèrent au roi le 8 décembre, et
prétendirent avoir, en vertu de l'édit de 1666, et des
arrêts et lettres qui le suivirent, « la propriété réelle du
canal et exclusive de tout autre canal dans la province. »
Jacques Sarrat combattit leurs prétentions auprès des
Etats. Les agents de Riquet répliquèrent le 21 mars 1768,
et offrirent que s'il était reconnu que la rigole pût être
rendue navigable sans nuire au grand canal, ils feraient
eux-mêmes les frais des travaux, qu'ils évaluaient à

72,000 liv., à condition qu'ils en seraient remboursés; et que les droits en seraient perçus en leur nom et par leurs préposés. Jacques Sarrat réfuta encore leurs dires et fit demander au roi la concession, en son nom, de la navigation de la rigole (1).

Cette navigation était réclamée par les diocèses de Lavaur, Castres, Toulouse et Saint-Papoul; elle devait favoriser les fabriques de Mazamet, Dourgne, Escoussens, Boisséson, Lacaune, Vabre et autres de la montagne, tout en facilitant, pour la plaine, le commerce des blés et le transport des bois; enfin, elle aurait permis la réalisation d'un projet *fait depuis longtemps* pour la construction d'un canal de *Labruguière à Revel*; elle aurait été ainsi une des œuvres les plus considérables pour le pays.

En 1700, le diocèse consacrait pour la réparation des chemins 1200 liv. et pour les chemins de traverse 543 liv. Le curage des fossés était un des meilleurs moyens de conserver les chemins en bon état. En 1634, un règlement avait prescrit cette mesure, qui fut recommandée bien des fois dans la suite, et 1754 le diocèse demandait à imposer 3,000 liv. pour faire des avances aux propriétaires qui feraient les fossés des chemins.

A cette époque les États avaient dressé un projet de classement des chemins. La première classe comprenait les grandes routes, qui étaient à la charge de la province; la deuxième comprenait les chemins de communication de ces routes aux principales villes des diocèses, et étaient à la charge des sénéchaussées; la troisième, les chemins des principales villes au chef-lieu, à la charge des diocèses, et la quatrième, les chemins d'un village à l'autre ou à un chemin de la troisième classe, et qui

(1) Archives de la préfecture, c. 1751.

seraient à la charge des communes. En 1755, le diocèse de
Lavaur consacrait 3,000 liv. à la réparation et entretien de
ses chemins, et, à partir de 1756, il eut pour surveiller les
travaux un inspecteur auquel on donna d'abord 500 liv.
de traitement, et puis, après 1775, 1,200 liv. L'inspecteur (1) vérifiait les travaux à faire aux chemins de traverse, et pour dix-neuf communes ces travaux se portaient
à 72,209 liv.

En 1754, on travaillait au chemin de *Lavaur à Castres*
par Saint-Paul et Guitalens, et aussi à celui de *Saint-Pons*,
qui passait dans le diocèse, à Saint-Amans. En 1761, il
est question du chemin de *Lavaur à Montauban* pour
lequel on empruntait d'abord 20,000 l., et, en 1767, autres 20,000 l. pour le terminer. Viennent ensuite le chemin
de *Lavaur à Toulouse* par le hameau de Ramel, dont
Rochet fut entrepreneur, et pour lequel, de 1769 à 1776,
on dépensa 94,115 liv. ; le chemin de *Lavaur à Puylaurens* arrêté en 1767 ; les deux chemins de *Castres à Toulouse* par Puylaurens et Cuq, et par Navès, Dourgne,
Sorèze et Revel ; le chemin de *Lavaur à Castelnaudary* ;
celui de *Revel à Carcassonne*, pour lequel, en 1779, on
dépensa 48,900 liv., et enfin le chemin du *Minervois* ou
de l'Albine, par la montagne Noire, ou mieux encore de
Castres à Narbonne.

Le pont de Lavaur sur l'Agout fut fait par les États de
Languedoc à la requête de Jean de Cucé, évêque de
Lavaur, qui en posa la première pierre ; projeté en 1768,
il ne fut adjugé qu'en 1773, à Jean Chauvet, pour le prix
de 340,000 liv. Le diocèse dépensa en 1777 plus de
30,000 liv. pour les abords, et en 1778 il fut décidé de
diriger sur ce pont le chemin de *Graulhet à Lavaur*, qui
était tout entier dans le diocèse de Castres.

(1) En 1700, Jacques de Clausade de Riols était inspecteur du diocèse ;
Guillaume d'Adhémar l'était en 1783.

UN DERNIER MOT SUR LES ASSEMBLÉES DE NOS ANCIENS DIOCÈSES.

L'histoire des assemblées du diocèse de Lavaur complète l'ÉTUDE sur l'administration politique antérieure à 1789 des trois anciens diocèses d'Albi, Castres et Lavaur qui sont compris dans les limites actuelles du département du Tarn. Ainsi l'on a sous les yeux tous les éléments dont se composait cette administration, la composition des assemblées diocésaines, leurs attributions, leurs rapports avec l'autorité souveraine, et les mesures qu'elles prirent dans l'intérêt moral et matériel des populations ; nous les avons exposés simplement, sans autre souci que celui de la vérité historique.

Anciennement les subsides accordés au roi par les Etats de Languedoc étaient répartis entre les communautés de *chaque jugerie* dont les représentants se réunissaient à cet effet sous la présidence du juge ; puis, dans le quinzième siècle, cette assiette des impôts fut faite *par diocèse* entre toutes ses communautés.

Dès le seizième siècle, le clergé et la noblesse ont des représentants aux assemblées du diocèse d'Albi ainsi que *tous* les consulats du diocèse ; à Castres et à Lavaur, *tous* les consulats assistaient aussi anciennement à ces assemblées ; l'évêque y entrait alors peut-être, il n'y est pour sûr, avec les représentants de la noblesse, qu'après les guerres de religion : on réglementa alors la composition des assemblées, qui furent formées, à l'imitation des Etats de Languedoc, des représentants des trois ordres, clergé, noblesse et tiers état ; mais ce dernier y était toujours en grande majorité, quand il ne formait pas, comme à Castres et à Lavaur, presque à lui seul l'assemblée elle-même.

L'introduction du clergé et de la noblesse dans les
assemblées des diocèses était légitimée par bien des con-
sidérations, et surtout par celle de l'impôt dont ces
assemblées faisaient la répartition (1). Le clergé était
représenté à Albi par l'évêque et les quatre principaux
dignitaires ecclésiastiques; mais à Castres il l'était par
l'évêque seulement, et à Lavaur par l'évêque et le syndic
du chapitre. La noblesse avait à l'assemblée, à Albi, sept
barons, à Castres un et puis deux, et à Lavaur un.

Les représentants des communes étaient généralement
les premiers consuls, mais ils devaient être spécialement
autorisés à cet effet. Les chefs-lieux des diocèses avaient
tous les consuls aux assemblées et les villes principales
y avaient deux députés, qui étaient généralement le premier consul en exercice et le premier consul de l'année
précédente, « afin que le consul moderne fût instruit en
affaires par le consul vieux. »

Le commissaire principal était nommé par les commissaires du roi aux Etats de Languedoc, parmi les membres
du diocèse, ou d'un diocèse voisin, qui y assistaient; il
avait anciennement la présidence de l'assiette et il fut toujours chargé de faire faire les impositions : il exposait les
raisons qui les avaient fait voter par les Etats, et que rap-
pelaient aussi les députés des communes et le baron et
l'évêque qui avaient été aux Etats et qui faisaient partie
de l'assiette; et ainsi se continuaient, des Etats au diocèse, les traditions nécessaires à une bonne gestion des
affaires publiques. Le juge et le procureur du roi du chef-
lieu du diocèse assistaient encore aux assemblées, qui éli-

(1) Dans le Languedoc, la taille était *réelle* et non *personnelle*; et s'il est
vrai que quelques terres fussent *nobles*, c'est-à-dire non sujettes à la taille,
la plupart des terres possédées par le clergé et la noblesse étaient *rurales*,
c'est-à-dire sujettes à la taille; le clergé et la noblesse devaient donc,
comme le tiers état, concourir à l'octroi des impôts; ils avaient, d'un autre
côté, tout autant d'intérêt au bien-être des populations.

saient chaque année un greffier, un syndic, un receveur
et un prévôt.

Dans les deux derniers siècles, l'évêque présidait les
assemblées, et nul ne connaissait mieux les besoins et
n'avait plus à cœur le bien-être des habitants du diocèse
dont il avait la direction spirituelle. L'ouverture de l'assiette était précédée par la célébration de la messe; les
députés prêtaient serment; ils votaient les impositions,
nommaient les officiers du diocèse et les membres des
commissions, et décidaient les affaires principales, ren-
voyant les autres au bureau des comptes ou de direction
des affaires du diocèse pendant l'année.

Indépendamment des assemblées générales, il y avait
des assemblées particulières formées, sous la présidence
de l'évêque, de députés de quelques villes et un bureau
ou conseil de direction permanent, composé de l'évêque,
du juge et des consuls des chefs-lieux, et parfois d'un
député du clergé et de la noblesse. — Le syndic et le
greffier étaient présents à toutes les assemblées. Le syndic
était le représentant du diocèse et devait veiller à l'exécution des mesures prises par l'assemblée : il était le véritable administrateur du diocèse sous la haute direction
de l'évêque.

Le vote et la répartition des impôts entre les communautés étaient la première occupation des assemblées, qui
prenaient de là le nom d'*assiettes*. Les impôts royaux et
provinciaux étaient votés et agréés par les diocèses : ils
étaient levés sous différents noms, *aide, octroi et crue,
taillon, mortes payes, don gratuit*, etc., dont les contribuables savaient la signification, et par là l'affectation de
chacun des deniers qu'ils payaient. A ces impôts se joi-
gnaient, au siècle dernier, la *capitation*, payable par tête
et par tous indistinctement, suivant les rangs et les facultés d'un chacun, et les *vingtièmes* des revenus de toute

nature, auxquels on ajouta des *sols pour livre*, qui étaient comme les centimes additionnels d'aujourd'hui au principal des contributions. — L'assiette faisait procéder dans le principe par ses officiers au recouvrement de tous les impôts ; mais ensuite, après la création des offices de receveur, elle dut donner à ces officiers la levée de ses impôts particuliers.

En 1788, les trois diocèses d'Albi, Castres et Lavaur, payaient 2,200,000 liv. environ d'impôts, plus 266,000 liv. pour la capitation, et 130,000 liv. environ pour les vingtièmes ; sur les 2,200,000 liv. l'État prenait à peine 700,000 liv. ; le reste était affecté aux besoins de la province et du diocèse.

L'assiette veillait à une exacte distribution des charges publiques entre toutes les communautés d'abord, et puis entre tous les contribuables d'une commune ; elle accordait des reprises ou modération d'impôts et était juge de la révision des cadastres. Toutes les propriétés étaient cotisées suivant leur nature de culture, et en Languedoc, la taille étant *réelle* et non *personnelle*, la plus grande partie des terres appartenant aux nobles et au clergé était *rurale*, c'est-à-dire sujette à la taille. Ainsi les nobles payaient les impôts afférents à la plus grande partie de leurs propriétés ; ils étaient surtout frappés par la *capitation*, véritable taxe sur les gens riches et aisés : ainsi ils payaient une part proportionnelle des charges publiques. Les diocèses faisaient faire par des commissions particulières les rôles de la capitation et des vingtièmes.

Après les impôts *directs* venaient les impôts *indirects*, qui frappaient sur la vente et la consommation des denrées, les *gabelles* sur le sel, et l'*équivalent* sur la viande de boucherie et sur le vin : les diocèses veillaient à ce que les habitants ne fussent pas molestés, dans la perception de ces droits onéreux, par des fermiers avides.

Les impôts particuliers aux diocèses étaient appliqués au traitement des employés, à des dépenses de bienfaisance ou d'utilité publique.

Les membres des assemblées recevaient une indemnité pécuniaire, et le syndic et le greffier un traitement, qui se portait, dans ces dernières années, pour le *syndic*, à 1,000 liv. de fixes, et à 3 liv. par commune pour frais de bureau.

Chaque diocèse entretenait un lieutenant de prévôt et quelques archers à cheval qui se portaient d'un lieu à un autre pour maintenir l'ordre. Aux prévôts succédèrent les *maréchaussées*, qui furent logées aux dépens du diocèse; il y avait une brigade à Castres, trois dans le diocèse d'Albi et une à Lavaur : en tout cinq brigades seulement dans les trois diocèses, pour veiller à la sécurité publique.

Les diocèses faisaient une aumône aux religieux mendiants « pour prier Dieu pour le bon *estement* du roi et du royaume » et laissaient à l'évêque quelques centaines de livres à distribuer. Ils prenaient les mesures pour arrêter les maladies contagieuses et faisaient distribuer aux malades pauvres des secours et des remèdes. Ils s'occupaient des pauvres ; chaque consulat devait pourvoir à la nourriture des siens, et quand le pouvoir central se préoccupa de l'extinction de la mendicité, ils payèrent les hôpitaux du chef-lieu pour garder les pauvres : à Lavaur on vota pendant dix ans un impôt sur la viande de boucherie pour aider à la construction d'un hôpital. Enfin ils payaient des médecins spécialistes pour les fixer dans le pays et donner leurs soins gratis aux pauvres. A Castres, nous relevons une subvention pour les *enfants trouvés*; à Albi, on s'occupa d'un asile pour les *aliénés indigents*, et à Castres, de l'établissement des Filles de la Présentation pour les *converties* et les *orphelines* : Et ici rappelons que ce sont nos évêques, GASPARD DE DAILLON DU LUDE à Albi, et DE

Barral à Castres, qui furent les promoteurs de ces mesures de bienfaisance. Enfin, dans les années de *disette*, les diocèses faisaient venir des grains étrangers, et établissaient sur les routes des *ateliers de charité*.

Nos diocèses s'imposaient pour les collèges ; ils patronnaient les hautes études, la philosophie et la théologie, et aussi les cours élémentaires, subventionnant, à Albi et à Castres, les Frères des écoles chrétiennes pour l'instruction gratuite des enfants pauvres. Les évêques étaient encore les promoteurs de cette diffusion de l'éducation. En 1781, celui de Castres prit l'initiative de faire faire à ses frais un cours public d'accouchement, devançant ainsi les ordonnances, à ce sujet, des ministres et des États. Enfin, les diocèses entretenaient des élèves aux écoles vétérinaires.

L'agriculture formait en grande partie la richesse de notre pays, et, à toutes les époques, les assemblées recherchèrent les moyens de la rendre prospère. Elles préconisent l'usage de la marne comme engrais, et l'emploi du semoir de l'abbé Soumille. A l'instigation de l'archevêque, à Albi, on fait venir le frère cordelier Lefèvre pour donner des leçons d'agriculture et montrer l'emploi d'outils perfectionnés ; on préconise l'élevage des bestiaux et l'établissement de prairies artificielles, et on propose des gratifications aux cultivateurs signalés pour leurs bestiaux et leur bonne culture des terres. C'est l'évêque de Castres, Mgr de Barral, qui introduisit dans son diocèse la culture de la *pomme de terre* et de la *betterave*. Les défrichements étaient réglementés, et les diocèses d'Albi et de Lavaur demandent la faculté de planter la vigne dans certains terrains. Enfin, le *pastel* y avait fait l'objet d'un très grand commerce, et on entreprit d'en remettre la culture en honneur.

Les États subventionnaient les possesseurs de *haras*, et

les diocèses faisaient visiter ces établissements. Les États préconisaient les pépinières de chênes et, pour la conservation des bois et des garrigues, proscrivaient l'élevage des chèvres; ils encourageaient les plantations de *mûriers* dont plusieurs pépinières se trouvaient dans nos diocèses. Des filatures de soie y furent établies, et il y eut même une manufacture royale d'étoffes de soie à Lavaur, pour laquelle l'évêque Fontanes appela en cette ville le célèbre Vaucanson. A Castres, en 1757, on fit acheter en Dauphiné de la graine de vers à soie et on en distribua gratuitement la plus grande partie.

Il y avait, dans nos diocèses, plusieurs manufactures d'étoffes de laine, et on y fit même établir des filatures à l'anglaise. A Castres on créa des manufactures de toile de coton; à Albi on s'occupa des toiles de chanvre et de lin et on fit faire des toiles à voile; une manufacture de bougie s'éleva en cette ville, et à Castres on améliorait la papeterie.

Nos assemblées s'occupaient aussi de prévenir les débordements des ruisseaux et des petites rivières.

Des rivières flottables traversaient nos diocèses. Le Tarn était navigable, à partir de Gaillac, dès le treizième siècle, et après 1615 il fut question plusieurs fois de le canaliser jusqu'à Albi; des travaux furent faits à diverses reprises aux frais du diocèse, notamment en 1665, en 1700 et en 1786. En 1604 on pensa à canaliser l'Agout depuis son embouchure jusqu'à Castres; les travaux, étudiés de nouveau en 1632, ne furent entrepris qu'après 1666 avec le produit d'un impôt particulier; mais ils furent mal exécutés et abandonnés en 1691. L'établissement du canal de Toulouse à Cette amena la canalisation de la rigole de Revel à Naurouse, qui était navigable déjà en 1671 : on l'abandonna peu après, pour la reprendre, mais pour peu de temps, encore en 1705, et ensuite tous les efforts du dio-

cèse de Lavaur, joints à ceux de Castres, de Toulouse et
de Saint-Papoul, ne purent en obtenir le rétablissement.
On avait projeté aussi la canalisation de la Vère et la
construction d'un canal de Saint-Juéry à Montans, et
d'un autre de Labruguière à Revel.

Les chemins étaient réparés aux frais des diocèses et
des communes; et quand la dépense dépassait leurs res-
sources, le diocèse venait en aide aux communes et la province au diocèse. Certains chemins regardaient les sénéchaussées, qui s'entendaient entre elles à ce sujet; enfin
l'entretien des fossés était à la charge des propriétaires
riverains.

Au siècle dernier, l'Etat appliqua à la confection du chemin royal de Toulouse à Albi et à Rodez le produit d'une
augmentation sur le sel, et, à partir de 1753, les chemins
furent divisés en quatre classes, à la charge des communes, des diocèses, des sénéchaussées et de la province.
Dès ce moment la confection des chemins prit des déve-
loppements considérables et on travailla partout simulta-
nément à ceux des trois dernières classes. Les diocèses,
pour ceux qui les regardaient, établirent des inspecteurs
chargés de les visiter, de dresser les plans et devis et de
surveiller les travaux.

Nous n'énumérerons pas tous les chemins qui furent
faits. Disons seulement qu'en 1789 la plus grande partie
de nos grandes voies de communication était terminée ou
allait l'être. Les trois diocèses consacraient environ
300,000 liv. par an à la confection des chemins qui étaient
à leur charge et 30,000 liv. pour leur entretien.

Les chemins ruraux étaient cependant dans un mauvais
état. A plusieurs époques les diocèses s'étaient occupés de
l'entretien des fossés : celui de Castres, en 1745, avait
décidé que cet entretien serait à la charge non des particuliers, mais des communes, et celui de Lavaur, en 1754,

imposait 3,000 liv. pour faire des avances aux propriétaires pour le curage des fossés. Les diocèses d'Albi et de Castres demandèrent un règlement pour la confection des chemins ruraux, « les plus intéressants pour le bien public; » celui de Toulouse avait été autorisé à prêter aux communes qui feraient ces chemins. Albi, en 1785, réclama une autorisation semblable ; mais les communes ne purent entreprendre encore des travaux si considérables, que la Révolution fit ajourner et qui ne furent repris qu'après 1833, à la suite de diverses lois sur les chemins vicinaux qui reproduisirent une partie des règlements préparés à ce sujet par nos assemblées provinciales et diocésaines.

Tel est l'exposé sommaire des travaux des assemblées de nos anciens diocèses avant 1789, et l'on reconnaîtra avec nous que ces assemblées s'occupaient avec intelligence, zèle et activité des intérêts moraux et matériels des populations.

APPENDICE.

Ire *Période* (XVIe siècle).

Nous aurons peu de renseignements à donner sur ces guerres dans le diocèse de Lavaur, au double point de vue qui nous occupe, du rôle joué par ses représentants et des charges qui ont pesé sur les populations : les procès-verbaux des assemblées du diocèse manquent pour la période du seizième siècle, et nous n'avons pour le siècle suivant que les procès-verbaux de 1618 à 1625. Cependant, au moyen des pièces de comptabilité de 1573 à 1595 et des délibérations du diocèse de Castres, auquel celui de Lavaur et ceux d'Albi et de Saint-Pons étaient associés, sous la dénomination de haut Languedoc, nous pourrons relater quelques faits intéressants.

Rappelons la configuration territoriale du diocèse de Lavaur; il est indispensable de l'avoir présente à l'esprit dans l'étude des événements qui s'y sont passés.

Formé de la partie septentrionale du Toulousain, le diocèse de Lavaur comprend une longue bande de terrain de 60 kilomètres environ d'étendue sur 20 de large dans son plus grand renflement. La ville de Lavaur se trouve à l'extrémité occidentale et l'autre extrémité se perd dans la montagne Noire, touchant aux diocèses de Saint-Pons et de Carcassonne. L'Agout et le Thoré le séparent du diocèse de Castres, et une grande partie de son territoire, avec des villes importantes, est au delà de cette ville de Castres qui fut, aux deux époques, le centre des opérations des religionnaires.

Les nouvelles doctrines religieuses eurent de bonne heure des adhérents dans les villes de cette partie du diocèse. Dès le début des hostilités celles de Puylaurens, Mazamet et Saint-Amans envoyèrent des délégués à l'assemblée que tinrent à Castres, le 9 février 1568, les religionnaires des diocèses de Castres, Albi et Saint-Pons. En février 1569 les mêmes diocèses, sauf Saint-Pons, envoyèrent Thoéri de Gaillac porter leurs doléances aux princes de Navarre et de Condé, et des 200 liv. qui lui furent données pour frais de voyage, 21 liv. 10 s. seulement furent cotisées sur les religionnaires du diocèse de Lavaur.

Le 13 octobre 1572, le maréchal de Damville chargea Lacrouzette de commander dans les trois diocèses de Castres, Albi et Lavaur « pour le fait des troubles qui se présentent. » Les religionnaires avaient fait de grands progrès dans le diocèse au commencement de 1573 et occupaient la plupart des chemins de Revel, de Puylaurens et même de Lavaur. Au mois de juin Lacrouzette était encore gouverneur des trois diocèses; mais en septembre et décembre, François de Voisins, baron d'Ambres, commandait, pour le roi, dans ceux de Castres et de Lavaur.

En cette année 1573, les lieux de *Puylaurens, Saint-Paul, Cuq, Hautpoul* et *Mazamet, Saint-Amans, Cambon, Escaupons, Viterbe* et *Aurillon* étaient occupés par les religionnaires; *Sorèze* tomba ensuite en leur pouvoir ainsi que le château de *Las Touseilles* et celui d'*Arfons*, à côté de Dourgne; *Verdale, Lempeaut, Lamothe, Blan, Péchaudier, Appelle, Aiguefonde, Guitalens, Caucalières, Belleserre* et *Aguts* furent ruinés par eux; et enfin *Poudis, Montgey, Roquefort, Cahusac, Saint-Gervais, Gandels, Saint-Affrique,*

Saint-Lieux, *Veilhes*, *Maurens*, *Massaguel*, *Lagardiole*, *Saint-Sernin-de-Montlong*, *Prades* et *Pechoursy* furent tenus momentanément sous leur dépendance. Aussi, sur les 38,426 liv. auxquelles se portaient les deniers imposés à Lavaur le 24 décembre 1572, il y eut plus de 10,000 liv. qui ne purent être levées (1).

La situation des partis était la même en 1574. Mais après la mort de Charles IX, beaucoup de catholiques s'unirent aux religionnaires; le maréchal de Damville se déclara pour eux, tandis que Joyeuse restait avec les catholiques et était désigné par le roi pour commander dans le b.. .t Lang...doc. Dès le mois de septembre, il eut ordre ... ... te. ..ostilités, et il place aussitôt des garnisons à .. ...ur, à Labruguière, à Saïx, à Viviers-lès-Montagnes, à Semalens et à Durfort (2). En février 1575, Joyeuse réunit à Toulouse les diocèses de la généralité qui lui accordèrent la solde de ses troupes, et il plaça deux cents soldats de plus dans le diocèse de Lavaur, renforçant les garnisons déjà établies et en mettant de nouvelles à Revel, Soual, Dourgne, Roquevidal, Senil et Padiés (3).

De leur côté, les protestants tenaient dans le diocèse les mêmes lieux que précédemment, et, de plus, un fort à Arfons (4); ils obéissaient, avec ceux des diocèses de Castres, d'Albi et Saint-Pons, au vicomte de Paulin, qui

(1) Archives de la préfecture, comptabilité, c. 1181.

(2) Ainsi, il mit à Lavaur le capitaine Montaut, avec une compagnie; à Labruguière, le capitaine Farinières, avec 40 soldats; à Saïx, le capitaine Rosine, avec 15 soldats; à Semalens et Navès, 20 soldats; à Viviers et à Durfort, 15 soldats, que le diocèse paya à raison de 9 liv. par mois.

(3) Ainsi, à Revel, le capitaine Padiés avec 80 soldats, 20 à Viviers, 15 à Sémalens, Soual et Dourgne, 10 à Arfons, Escoussens, Lagardiole et Durfort, 6 à Roquevidal, 5 à Senil et 1 à Padiés.

(4) Nous pourrions encore nommer Saïx, Montmoure, Saint-Amancet, Palesville, Engarrevaques, Vivier, Valcournouse, Sallespioussou, Troupiac, Teyssode, Lugan et Villeneure. Les localités de Lacougote, Lescout et Lestap furent ravagées par les religionnaires d'Escaupons.

réunit à Castres, le 27 mars, leurs députés pour délibérer
sur les articles de l'union accordés par les Etats de Montpellier et répartir les deniers votés. Cependant Joyeuse
vint avec ses troupes dans le diocèse; le 7 mai, il prit
Escaupons et alla assiéger Saint-Paul-de-Damiatte; mais le
vicomte de Paulin, après avoir brûlé Viterbe (1), lui en fit
lever le siège, le 17 de ce mois, et Joyeuse se retira vers
Lavaur, d'où il passa en Albigeois après avoir pris Saint-
Lieux.

Un édit de pacification eut lieu en mai 1576; mais les
hostilités ne tardèrent pas à reprendre dès la fin de cette
année. Le 13 décembre, Revel tomba au pouvoir des religionnaires, qui massacrèrent les ecclésiastiques et chassè-
rent les catholiques, malgré les ordres de Damville (2).
Dans l'année 1577, les religionnaires prirent encore Durfort, puis ils reprirent Las Touseilles qu'ils abandonnèrent
après l'avoir ruiné, Lempeaut, qu'ils ruinèrent aussi, et
Lacrosilhe; ils rasèrent encore Aguts et tinrent pendant
quelques jours Algans et Aiguefonde (3).

Les hostilités continuèrent en 1578, malgré un nouvel
édit de pacification, et sur les 11,116 écus imposés par
l'assiette de Lavaur, il y eut 2,828 écus dont le receveur
ne put se faire payer, par suite de l'occupation par les religionnaires d'un grand nombre de localités (4) : on lui

(1) *Hist. gén. de Languedoc.* — Archives de la préfecture, c. 1184.
(2) *Hist. gén. de Languedoc.* — Gaches et Faurin. — Archives de la préfecture, comptes de 1576.
(3) Archives, comptes de 1577.
(4) Ces localités, occupées en tout ou en partie, étaient au nombre de 54,
savoir : Lavaur, Puylaurens, Revel, Sorèze, Saint-Paul, Cuq. Hautpoul et
Mazamet, Saint-Amans, Saïx, Poudis, Montgey, Roquefort, Durfort, Cabu-
sac, Gandels, Viviers-lès-Montagnes, Montespan, Viviers-lès-Lavaur, Troupiac, Lugan, Villeneuve-d'Avesac, Juilh, Pratviel, Cambon, Maurens,
Escaupons, Saint-Germier, Saint-Germain, Cambonnet, Soual, Lescout, Verdale, Dourgne, Lestap, Semalens, Massaguel, Saint-Avit, Lempeaut, Blan,

alloua des reprises pour cette somme, ainsi que 876 écus
pour le paiement des Albanais de la compagnie de Damville, logés dans le diocèse. Cependant le vicomte de Paulin
fit publier de cesser tous actes d'hostilités, et l'assemblée
de Castres, le 12 novembre, manda aux consuls de Lavaur
d'en faire autant de leur côté. Une conférence pour la paix
eut lieu à Nérac, et les articles qui y furent arrêtés furent
soumis à la ratification des Eglises. Celles des diocèses de
Castres, d'Albi et Saint-Pons, et du *vallon de Saint-Amans*,
se réunirent à cet effet, le 19 mars 1579 ; celles du Lauragais, de *Villelongue* et du comté de Caraman avaient
déjà tenu leur assemblée à Revel, et les consuls de Puylaurens avaient déclaré adhérer à leur délibération. Les
reprises allouées au receveur sur les impôts de cette année
1579 ne portèrent que sur trente-trois localités.

La paix ne fut pas de longue durée, et dès le 3 mai 1580
le vicomte de Turenne, lieutenant du roi de Navarre en
Albigeois et Lauragais, assemblait à Castres les religionnaires du haut Languedoc, tandis que Joyeuse réunissait
à Toulouse les diocèses de cette généralité pour pousser
la guerre avec vigueur. Le 13 octobre, les diocésains de
Lavaur décidèrent que les restes des deniers royaux seraient employés à la garde et conservation des forts demeu-
rés sous l'obéissance du roi, et ils fixèrent les garnisons
qu'il convenait d'y entretenir : Lacrouzette, commandant
du diocèse, approuva la délibération, que Joyeuse autorisa
le 17 de ce mois. Une compagnie fut aussi levée sous les
ordres du capitaine Lartuzat, et on répartit ses soldats
entre Lavaur, Semalens, Soual, Viviers, Dourgne, Escoussens, Lagardiole, Roquevidal, Montespieu, Labastide-
de-Guitalens et Garrigues. On accorda 500 écus à Bosquillon

Pechaudier, Magrin, Lacroisilhe, Algans, Montlong, Appelle, Dornes,
Viterbe, Auxillon, Aiguefonde, Belleserre, Aguts, Pechoursy et Mousens.

pour l'entretien de la garnison de Saint-Paul que Joyeuse
avait ordonnée, et 417 à Flamarens, commandant à Labruguière; François de Bruguière, commandait à Sémalens, et dans les autres localités les consuls étaient les
chefs de la garnison. A cette époque, le sieur de Juilh,
religionnaire, fut contraint de quitter sa maison, qui fut
démantelée. Plus de la moitié du diocèse était alors oc-
cupé par les religionnaires (1) : aussi les reprises du receveur pour cette année 1580 se portèrent à 5,018 écus
sur 8,530, total de l'imposition. Un nouvel édit de pacification fut proclamé en novembre 1580, et Montmorency
et Turenne eurent ordre, en janvier 1581, de le faire exécuter dans le pays.

En 1582, l'assiette de Lavaur, Lacrouzette étant commissaire principal, se composa des députés des villes de l'un
et de l'autre parti. Le diocèse entretint cette année la compagnie des Albanais de Montmorency, et, en 1583, la compagnie de Joyeuse. Au commencement de cette dernière, le sénéchal de Castres et l'évêque d'Albi proposèrent d'établir
dans les diocèses de Castres, Albi, Lavaur et Saint-Pons,
pour l'*extirpation* des voleurs, deux lieutenants de prévôt,
l'un religionnaire et l'autre catholique, et le sénéchal se
chargea d'en parler aux députés du diocèse de Lavaur.

Les hostilités furent ouvertement reprises en 1585, « à

---

(1) Ainsi, Puylaurens, Revel, Sorèze, Saint-Paul, Saint-Amans, Saïx,
Montmoure, Poudis, Roquefort, Cahusac, Palesvilles, Engarrevaques, Las
Touseilles, Gandels, Viviers-lès-Lavaur, Saint-Affrique, Troupiac, Teys-
sode, Marzens, Juilh, Pratviel, Cambon, Veilles, Maurens, Roquevidal,
Escaupons, Saint-Germier, Saint-Germain, Cambounet, Lescout, Verdale,
Dourgne, Lestap, Semalens, Lagardiole, Saint-Avit, Lempeaut, Blan, Pechaudier, Magrin, Lacrosilhe, Algans, Montlong, Prades, Appelle, Dorne,
Belleserre, Aguts, Pechoursy, Moussens et Flamalens *étaient tenus et occupés* par eux; Durfort, Saint-Amancet, Massaguel, Bertre, Viterbe, Auxillon
et Aiguefonde *étaient tenus* par eux, et enfin Mongey avait été obligé de
leur payer ses impôts.

l'occasion de l'édit du roi pour la réunion de tous ses sujets à la religion catholique, apostolique et romaine. » L'assiette de Lavaur avait imposé ses deniers au mois d'août; le 27 septembre, elle dut encore répartir 4,631 écus (soit avec les frais 4,908 écus) pour la part du diocèse des 40,000 écus que l'assemblée de Toulouse, présidée par l'évêque de Lavaur, venait de voter pour l'entretien des compagnies levées pour la conservation du pays. Les impositions se portaient à 15,345 écus; mais il resta à percevoir 6,252 écus sur soixante-neuf localités occupées en tout ou en partie par les religionnaires.

Le roi de Navarre était, au commencement d'août 1585, à Saint-Paul-de-Damiatte, au diocèse de Lavaur, où Montmorency alla le trouver avec les députés du diocèse de Castres. Montmorency établit Amans Dupont, notaire de Puylaurens, receveur pour la partie du diocèse de Lavaur qui reconnaissait son autorité, et il est dit, dans les comptes du receveur pour les catholiques, que presque toutes les communautés du diocèse étaient alors occupées par les religionnaires. Deyme était gouverneur dans le Lauragais, *Villelongue* et comté de Caraman; les villes du parti lui entretinrent sa compagnie de gens d'armes; elles firent réparer les fortifications et payèrent les garnisons de Puylaurens, Revel, Sorèze, Saint-Paul, Hautpoul, Saint-Amans et Cuq : Nicolas Sortis était leur prévôt.

Le maréchal de Joyeuse réunit à Carcassonne, le 3 mars 1586, les Etats, qui délibérèrent de lui fournir des vivres et des munitions pour six mille hommes de pied, onze compagnies de cavalerie et huit pièces d'artillerie. Le grand vicaire de l'évêque et les consuls de Lavaur assistaient à ces Etats; mais il n'y avait alors que cette ville et une autre de tout ce diocèse (1) qui fussent soumises au roi.

_____

(1) *Hist. gén. de Languedoc*, t. IX, p. 195.

L'assiette de Lavaur eut lieu le 11 juillet, et elle cotisa sur le diocèse 3,680 écus tant pour les frais d'assiette que pour la valeur des vivres et munitions ordonnés pour l'armée de Joyeuse par les Etats de Carcassonne (1), et la solde pendant deux mois de quarante-sept pionniers. Sur ces 3,680 écus, il y eut seulement 1,641 écus qui ne purent être levés (2), et ainsi les catholiques avaient alors repris beaucoup de localités. En août 1586, les Etats de la Ligue, réunis à Castelnaudary, votèrent encore 100,000 écus pour l'armée du roi, ainsi que l'entretien, pendant deux mois, de six mille hommes. En 1587, il restait à lever sur les lieux tenus par les religionnaires du diocèse, pour restes des impôts pour entretien des gens de guerre des années 1585 et 1586, la somme de 10,343 écus ; l'assiette, le 10 avril, chargea le baron d'Ambres d'en opérer lui-même la levée, et celui-ci en fit rentrer le quart environ.

En mai 1586, Montgomery, gouverneur pour les religionnaires au diocèse de Castres, réunit à Réalmont ses troupes avec celles de Deyme, gouverneur du Lauragais et du diocèse de Lavaur. Du côté des catholiques, au mois de juin, le baron d'Ambres, commissionné par Joyeuse pour commander dans les diocèses de Castres et de Lavaur, et les consuls de cette dernière ville, faisaient prier le sénéchal de Cornusson d'amener son armée pour aller battre la ville de Saint-Paul d'où les religionnaires commettaient toute sorte d'excès sur les localités voisines (3) qu'ils pillaient et rançonnaient. Mais le sénéchal, avec les

---

(1) Ainsi, 593 setiers de blé, à 3 écus le setier ; 191 set. d'avoine, à 1 éc. 20 s. ; 91 pipes 64 pégats de vin, à 8 éc. 20 s. la pipe ; 39 quintaux 49 liv. de poudre à canon, à 20 éc. le quintal ; et 2 quint. 49 liv. de poudre d'arquebuse, à 20 éc.

(2) Savoir : 1,160 éc. sur les lieux *tenus et occupés*, au nombre de vingt-cinq, et 481 éc. sur les *lieux adjacents*, au nombre de douze.

(3) Archives de la ville de Lavaur.

troupes que le sieur de Lachatre avait amenées aux environs de Lavaur, alla attaquer les religionnaires du Lauragais.

Les désordres continuèrent dans le diocèse de Lavaur, et on sait qu'à leur faveur, au commencement de 1587, plusieurs particuliers levèrent des impôts sur les marchandises et denrées en circulation (1). Au mois de juillet, le baron d'Ambres prit le fort d'Appelle et quelques autres. Montgomery alla à sa rencontre et le poursuivit jusqu'auprès de Lavaur, et, en s'en retournant, il s'empara de plusieurs forts, notamment de celui de Verdale, que les diocésains de Castres, réunis le 23 septembre, le prièrent de démanteler. Au mois d'octobre, Montgomery prit encore le château de Lagardiole, et se battit, auprès de Revel, avec Scipion de Joyeuse. Montmorency était alors à Castres; il y fit venir Deyme et mena son armée à Revel le 28 octobre. Il convoqua à Puylaurens pour le 10 novembre une assemblée des villes du haut Languedoc, qui se continua à Revel, et accorda pour son armée 200 setiers de blé et 100 quintaux de poudre. Le roi de Navarre fit demander 20,000 écus pour l'armée étrangère qu'il avait appelée; mais les députés n'ayant pas une commission spéciale, une nouvelle réunion eut lieu à Puylaurens le 4 décembre et accorda 5,000 écus pour la part du haut Languedoc des 40,000 écus demandés par toute la province.

Montmorency partit de Castres le 24 janvier 1588 avec les députés du diocèse pour aller joindre le roi de Navarre à Caraman; le 26 il était à Puylaurens, mais il rentra à Castres le 2 février et établit le vicomte de Turenne pour son lieutenant. Ce dernier assembla à Castres, vers le 24 février, les députés du haut Languedoc, qui lui donnèrent

(1) Archives du parlement B. 107, arrêt du 13 mai 1587.

un conseil composé de six personnes, trois de la noblesse
et trois du tiers état, dont deux devaient être du diocèse
de Lavaur, et adjoignirent à ce conseil trois ou quatre autres personnes de chaque diocèse.

Le baron d'Ambres prit Saint-Paul-de-Damiatte le 1er mai,
mais il l'abandonna presque aussitôt. Peu de villes du diocèse étaient du parti de la Ligue, et dans les États tenus à
Limoux en novembre 1588, il est dit qu'il n'y en avait que
deux, Lavaur et sans doute Labruguière, mais sans compter les villages, car les lieux sur lesquels le receveur ne
put lever les impôts sont, à peu d'exception près, les
mêmes qu'en 1587; on se plaignit à ces États que des gentilshommes, se disant catholiques, favorisaient les religionnaires (1). Les États accordèrent 20,180 écus pour la solde
des gens de guerre, et Lavaur en imposa sa part, 2,193
écus, le 10 janvier 1589, d'Ambres étant commissaire principal.

Les États convoqués par Montmorency à Beaucaire se
tinrent à Nîmes, et demandèrent qu'une assemblée pro-
vinciale du haut Languedoc eût lieu à *Saint-Amans* le
25 avril 1589. On a vu dans l'histoire du diocèse de Castres
des détails sur cette assemblée, qui ne se tint que le 12 mai.
Il y eut une autre assemblée à Sorèze le 10 juin : on y
désigna, à Montmorency, trois candidats pour commander
en ce pays, en l'absence de Turenne, Deyme étant toujours
gouverneur du diocèse de Lavaur; on décida de faire une
provision de 1,500 setiers de blé pour les troupes de Montmorency et on jugea qu'il fallait cent cinquante-quatre
arquebusiers pour la garde et conservation des villes du
parti dans le diocèse de Lavaur, pour la solde desquels les
religionnaires, dans leur assiette, imposèrent 1,540 écus.

La mort d'Henri III, arrivée le 20 août 1589, imprima

---

(1) *Hist. gén. de Languedoc*, t. IX, p. 213.

une nouvelle ardeur à la Ligue. Ce fut à Lavaur que Joyeuse convoqua, au mois de novembre, les villes du parti, qui jurèrent solennellement, le 17 décembre, dans l'église des Cordeliers, de ne jamais reconnaître Henri de Navarre pour roi de France. Le baron d'Ambres commandait alors dans les diocèses d'Albi, Castres et Lavaur. L'assiette de Lavaur, réunie le 13 janvier 1590, imposa 488 écus pour sa part des frais des Etats et 1,220 écus pour sa part des 30,000 qu'ils avaient accordés pour la garde et conservation du pays : ces 1,220 écus furent empruntés sur les personnes aisées du diocèse. Une seconde assiette eut lieu le 6 juin pour répartir pareille somme de 1,220 écus, part d'autres 30,000 écus accordés par les Etats de Toulouse. Sur les quatre vingt-six communautés du diocèse, il n'y en avait que vingt qui fussent du parti de l'union des catholiques; aussi, sur les 8,959 écus montant des impôts, 6,928 écus durent être passés au receveur comme étant portés sur les lieux occupés par les rebelles et dont il n'avait pu faire le recouvrement. Cette année, le sieur de Roquevidal, « tenant fort en son château, » se déclara pour les royalistes (1).

De son côté, Montmorency commandant dans le pays au nom d'Henri IV, ne restait pas inactif. Dès le mois de janvier 1580, il faisait dresser des compagnies de gens d'armes, notamment à Mazamet. Au mois mars, il demanda, mais inutilement, aux diocèses de Castres, Albi et Lavaur, de lui donner 3,000 écus pour les payer, et il renouvela sa demande au mois de mai. Alors Montgomery devait aller

(1) Archives de la préfecture, c. 1186. — Les vingt communes du parti de la Ligue étaient *Lavaur*, *Belcastel*, *Viviers*, *Valcournouse*, *Massac*, *Saint-Jean-de-Rives*, *Lugan*, *Garrigues*, *Saint-Lieux*, *Saint-Agnan*, *Senil*, *Villeneuve*, *Aresac*, *Preignan*, *Marssens*, *Lacougote*, *Juilh*, *Pratviel*, *Seran* et *Flamalens*; toute la partie orientale du diocèse, y compris Labruguière, était du parti royaliste.

joindre le roi avec ses troupes; l'assiette des religionnaires
de Lavaur le pria de rester dans le pays : il venait de
prendre le lieu de Viviers, et les trois diocèses, réunis à
Puylaurens vers la fin de juillet, pour régler les dépenses
de ce siège, n'ayant pu s'entendre, soumirent leur différend à Montmorency. Le diocèse de Lavaur imposa cette
année 1,813 écus pour sa part des frais de ce siège, 375
écus pour la solde et l'entretien des garnisons et 746 écus
pour sa part des 2,000 écus accordés par les diocèses du
haut Languedoc pour la levée des gens de guerre pour
l'armée du roi. Plus tard on leva encore, dans le haut
Languedoc, six compagnies, et le 15 septembre, par commission de Montmorency, le diocèse de Lavaur imposa
1,000 écus pour sa part des frais de ces compagnies. Le
diocèse, au mois de février, avait fourni 600 setiers de blé
pour l'armée du roi.

Les Etats de la Ligue, réunis à Lavaur, avaient demandé
six mille hommes au roi d'Espagne, et, en février 1591,
réunis à Castelnaudary, ils acceptèrent un renfort considérable; ils votèrent, pour l'entretien des troupes, 60,000 écus,
et pour l'extinction de dettes, 25,000 écus. L'assiette de
Lavaur imposa, le 13 avril, 2,606 écus pour sa part des
deux sommes, et 232 écus pour les chevaux et les pionniers que le diocèse devait fournir; le 23 mai elle donna
446 setiers de blé pour sa part des 12,000 setiers, accordés par les Etats de Narbonne pour l'armée de Joyeuse.

Les royalistes avaient tenus leurs Etats, sous la présidence de Montmorency, à Pézénas, le 25 février, et accordé 150,000 écus pour l'armée qui avait été levée à
l'approche de l'armée espagnole. La part du diocèse de
Lavaur, 6,828 écus, fut imposée le 18 avril, ainsi que
500 écus pour les troupes que le baron de Montaud avait
amenées en Provence, et 367 écus pour les 344 arquebusiers placés en garnison dans les villes du parti.

Les hostilités continuèrent; mais une trève pour le labourage fut conclue entre les diocèses du haut Languedoc, qui se réunirent à cet effet à Puylaurens, le 12 avril 1591. Les Espagnols, unis aux ligueurs, avaient pris, le 4 de ce mois, le lieu de Roquevidal près Lavaur. Montmorency envoya des troupes à leur rencontre; plusieurs villes refusèrent de les recevoir, et le duc en exprima son mécontentement, le 9 mai, aux diocèse de Castres et de Lavaur, et ordonna au sieur de Pujol de conduire sa cavalerie à Saint-Amans, et de là dans le Pays-Bas. Les localités de l'Albigeois et du Lauragais devaient se prêter, en cas d'attaque, un mutuel secours, et les royalistes du diocèse levèrent pour cela, dans le vallon de Mazamet, 50 soldats; mais les ligueurs, renforçant leurs troupes, le sieur Pétras, consul de Puylaurens, requit la réunion au 15 juin, à Castres, des diocèses du haut Languedoc, pour confirmer l'union qui avait été faite entre eux; et bien que plusieurs fois ceux du Lauragais eussent manqué à leur promesse d'assistance, ils furent néanmoins appelés à cette réunion. Les ligueurs et les Espagnols, ayant pris, au mois de juillet, les lieux de Cambon, Magrin, Lacrosilhe, Mouzens et Arfons (1), les royalistes du diocèse demandèrent à conférer, le 8 août, avec les nobles et les députés de Castres, sur les moyens d'arrêter leurs progrès.

L'évêque de Lavaur avait contribué de ses deniers à la reprise de Roquevidal et de Cambon; l'assiette, tenue le 30 avril 1592, lui accorda 110 écus d'indemnité, et plaça dans ces lieux des garnisons qui furent continuées pendant plusieurs années; elle liquida la dépense pour les vivres fournis au camp de Joyeuse, et l'entretien des compagnies des capitaines Hiéronyme et Mourabech, qui

---

(1) *Hist. gén. de Languedoc*, t. IX, p. 245. — Les comptes du receveur ne mentionnent que Roquevidal, dont il est parlé plus haut, et Cambon.

avaient logé, pendant deux mois, aux faubourgs de Lavaur, et elle imposa de plus 1,917 écus, part des 70,000 accordés par les Etats pour l'entretien des gens de guerre, et 820 écus, part des 30,000 affectés au paiement des dettes : les deniers ordinaires se portaient à 9,247 écus, et les extraordinaires à 5,441, soit en tout 14,688 écus.

Les royalistes accordèrent, en avril, à Montmorency, 256,196 écus pour la continuation de la guerre (1). Les diocèses du haut Languedoc s'étaient réunis, au mois de mars, à Puylaurens. Deyme était toujours gouverneur du diocèse de Lavaur, et Montoison de Labruguière et des autres villes catholiques du parti du roi : le diocèse de Castres, le 8 avril, accorda à ce dernier une indemnité de 300 écus, et chargea le sieur de Chambaud, gouverneur du diocèse « d'avoir l'œil » sur celui de Lavaur.

On sait que, le 25 mai, Joyeuse et d'Ambres battirent les royalistes près de Lautrec. A la fin de juillet, le sieur de Chambaud, gouverneur provisoire du diocèse de Lavaur et de Caraman, conférait avec les députés des villes au sujet de son administration; le duc d'Epernon devait alors passer à Labruguière avec ses troupes, et il fut décidé qu'il serait logé aux frais des diocèses de Castres et de Lavaur.

Joyeuse avait placé à Lavaur le capitaine Gibrondes. L'assiette du 1er janvier 1593 accorda 840 écus pour les ustensiles de sa compagnie et 100 écus au baron d'Ambres pour les frais qu'il avait faits pour la garde du diocèse; elle imposa 345 écus pour l'entretien des garnisons de Cambon et Roquevidal, 1,917 écus pour sa part des 70,000 accordés pour la guerre par les Etats de Carcassonne, et 821 écus, part des 30,000 des dettes de la province. Les royalistes du diocèse avaient tenu leur assiette le 28 no-

---

(1) Dom Vaissète ne donne pas le chiffre de cette imposition.

vembre 1592, à la suite des Etats tenus par Montmorency à Montagnac : ils occupaient toujours les deux tiers du diocèse.

Une trève générale fut convenue entre Montmorency et Joyeuse pour toute l'année 1593. Elle fut assez fidèlement observée; néanmoins les Etats de la Ligue, réunis à Albi le 21 octobre, votèrent toujours 70,000 écus pour la guerre et 30,000 pour les dettes, dont l'assiette de Lavaur, le 2 janvier 1594, imposa sa part avec 345 écus pour l'entretien des garnisons de Cambon et de Roquevidal. La trève devait amener la pacification du royaume, que l'abjuration du roi de Navarre (25 juillet 1593) devait faciliter encore. Joyeuse réunit les Etats de la Ligue à Lavaur, le 9 novembre 1594; des négociations eurent lieu pour reconnaître Henri IV, mais elles ne purent aboutir et de part et d'autre on se prépara à reprendre la lutte. Les ligueurs de Lavaur, le 21 mai 1595, répartirent 1,369 écus pour leur part des 50,000 votés pour la guerre; le régiment de Mourabech resta quelque temps à Lavaur, et les capitaines Monfrais et Mauléon furent placés à Cambon et à Roquevidal. De leur côté, les royalistes, suivant la commission des Etats tenus à Castres en ce mois de mai, imposèrent 676 écus pour la levée des gens de guerre de l'armée de Ventadour et 863 écus pour l'entretien des garnisons.

Cependant la Ligue décida, le 28 novembre 1595, de reconnaître Henri IV et l'édit de Follembrai (janvier 1596) accepta sa soumission. Le Languedoc resta partagé en deux commandements indépendants l'un de l'autre, sous l'autorité de Joyeuse et de Ventadour, et comprenant les lieux obéissant à chacun d'eux au moment de la paix. Les ligueurs, assemblés de nouveau à Toulouse le 12 mars, prièrent Joyeuse de congédier ses troupes, à l'exception seulement de 500 hommes de pied et de quelques compagnies de cavalerie, pour l'entretien desquels ils impo-

sèrent 43,000 écus sur les diocèses qui leur étaient soumis. Les lieux du diocèse de Lavaur, de ce parti, étaient
au nombre de trente, savoir : *Lavaur, Mouzens, Magrin,
Lacrosilhe, Escaupons, Cambon, Lacougote, Algans, Roquevidal, Pratviel, Juilh, Valcournouse, Saint-Germier, Seran,
Flamarens, Massac, Preignan, Viviers-le-Lavaur, Maurens,
Villeneuve, Veilhes, Avezac, Belcastel, Marzens, Garrigues,
Saint-Agnan, Saint-Jean-de-Rives, Saint-Lieux, Lugan*
et *Senil*; ils se réunirent le 3 mai 1596 et imposèrent
9,403 écus pour les deniers ordinaires et 4,187 écus pour
les deniers extraordinaires (1).

De leur côté, les royalistes du département de Ventadour avaient voté leurs impôts à Pézenas, en janvier et
février 1596. Ceux du diocèse de Lavaur, qui occupaient
cinquante-six communautés, y compris les principales,
*Puylaurens, Revel, Labruguière, Sorèze, Saint-Paul, Cuq,
Mazamet* et *Saint-Amans*, se réunirent à Revel le 16 mars :
Nicolas de la Beaume, sieur d'Arifat, commissaire principal;
les trois consuls de Revel et Raymond Carrière, juge royal
de cette ville, commissaires ordinaires. Ils imposèrent *sur
tous les lieux du diocèse* les deniers ordinaires, qui se portaient à 10,058 écus, et commirent Michel Bedos pour en
faire la levée. Celui-ci *reprit,* pour la portion des lieux du
département de Joyeuse, 2,333 écus, et les reprises des
deniers ordinaires imposés par l'assiette de Lavaur sur les
lieux du département de Ventadour, et allouées à Guil-

---

(1) Archiv. de la préfecture, c. 1187 et 1186. — Dans les deniers extraordinaires, on voit 1,749 écus pour l'entretien des gens de guerre, 840 pour
les dettes de la province, 230 pour les dettes du diocèse, 400 pour divers
remboursements, 108 prix de 27 setiers de blé empruntés pour les étapes du
régiment de Mourabech, 25 prix de 5 pipes de vin pour le même, 149 pour
les vivres fournis au camp de Joyeuse, 40 pour la nourriture des soldats de
Joyeuse à Lavaur, 50 aux capitaines Monfrais et Mauléon pour la conservation de Roquevidal et Cambon, et 40 au capitaine Monfrais pour les
vingt hommes de garde à Cambon pendant l'année précédente.

laume Barthe, receveur alternatif, se portèrent à 5,452 écus sur 9,403 écus.

En 1597 les deux assiettes se tinrent à Labruguière et à Lavaur les 3 et 24 janvier ; elles eurent le même receveur, Guillaume Barthe ; les deniers ordinaires furent mis une seule fois sur tous les lieux du diocèse, et chaque département eut à part ses frais particuliers (1) ; il n'y eut pas ainsi de reprises à allouer au receveur. La recette se porta à 11,723 écus. Il en fut de même en 1598. L'assiette de Lavaur eut lieu le 18 décembre 1597 et celle de Sorèze, pour le parti de Ventadour, le 28 février 1598. — Les villes maîtresses qui étaient de la religion, Puylaurens, Revel, Sorèze, Saint-Paul, Cuq, Hautpoul-Mazamet et Saint-Amans, délibérèrent, les 16 et 28 avril et 18 septembre, de prendre, sur les deniers du roi, le traitement de leur ministre ; elles le signifièrent, le 28 octobre, à Honoré de Terson, juge de Villelongue au siège de Puylaurens, et malgré les protestations du receveur, elles prélevèrent 400 liv. pour chacun ; mais un arrêt du conseil et des lettres patentes du 25 août 1598 défendirent de retenir pour cela les deniers du roi, et on ne voulut pas allouer au receveur les sommes qui avaient été retenues.

. Il n'y eut enfin, en 1599, qu'une seule assiette à Lavaur, le 22 juillet, et l'union du diocèse fut ainsi reconstituée.

(1) Ainsi sur toutes les communautés, l'aide, l'octroi, la crue, les solde et ustensiles et les gages du receveur, 7,557 écus ; sur celles du département de Ventadour, gratifications 273 écus, réparations des villes frontières 182, frais des Etats de Béziers 565, frais de l'assiette 259, droit de levée 70, et part de dettes 1,661, soit 3,010 ; et, sur celles du département de Joyeuse, gratifications 202, réparations 80, frais des Etats 607, assiette 217 et levée 50, soit 1,156 écus.

Seconde période (XVIIe siècle).

On a vu que dans le diocèse de Castres, dès le mois de janvier 1613, les habitants de l'une et de l'autre religion avaient fait serment de vivre en bonne intelligence entre eux et avec ceux des diocèses voisins, et qu'à cet effet l'assiette avait décidé d'envoyer des députés à Lavaur et à Montauban et d'autres à Albi. Les troubles commencèrent au milieu de l'année 1615, par suite du mécontentement de plusieurs seigneurs que le roi déclara rebelles le 10 septembre et qui surent attirer les religionnaires dans leur parti. Le marquis de Malauze et le vicomte de Paulin levèrent alors des troupes en Albigeois et eurent ordre, le 14 décembre, de les amener au duc de Rohan, nommé général dans le haut Languedoc. Dès les premiers moments, le duc de Montmorency, gouverneur du pays, prit des mesures pour prévenir la gravité de ce soulèvement ; dans notre diocèse, il établit à Cuq une garnison de vingt-cinq soldats, qui y resta du mois d'octobre 1615 à la fin de mai de l'année suivante. Galhard Imbert de Mary, coseigneur de Cuq, paya pour l'entretien de cette garnison 1,500 liv. qui furent imposées, en 1617, sur le diocèse à la suite d'un arrêt de la Cour des aides de Montpellier (1).

Au commencement de 1616, Montmorency envoya quelques compagnies en Albigeois ; le 24 mars, il commanda au baron de Pujol d'amener à Toulouse quarante gardes qui couchèrent à Dourgne le 9 avril, et cette ville entretint encore une partie de la compagnie de soixante chevau-légers que le sieur de Massaguel eut ordre de lever le 12 de ce mois d'avril. A cette époque les habitants de

_____

(1) Archives de la préfecture, c. 1188 : comptes du receveur de 1617.

Soual entretinrent pendant deux jours vingt-cinq soldats de la compagnie de Montmorency (1).

Vers le milieu de l'année 1617, Montmorency établit une garnison à Fiac, et ordonna qu'elle serait payée par moitié par les diocèses de Castres et de Lavaur ; mais l'évêque de Lavaur, qui était aux Etats à Béziers, alla trouver le duc à Pezenas (2) et obtint que le diocèse serait déchargé des frais de cette garnison.

Le 23 janvier 1619, l'assiette de Lavaur eut lieu dans la forme ordinaire ; les catholiques allèrent entendre la messe à l'église des Cordeliers et les religionnaires les attendirent à la maison commune. A cette époque le duc et la duchesse de Montmorency étaient à Toulouse, où il y eut en leur honneur des fêtes magnifiques ; ils devaient passer à Lavaur, et le conseil du diocèse arrêta, le 23 février, qu'on leur ferait *une entrée* et que, suivant la coutume, un consul de chacune des villes maîtresses serait appelé à y assister (3).

De nouveaux troubles, soulevés en Vivarais à la fin de 1619, étaient apaisés en mai 1620 par les soins de Montmorency, qui l'annonça aux Etats réunis à Béziers. Mais des différends très graves existaient entre le roi et la reine mère ; cependant ils se terminèrent amiablement le 11 août de cette année. Montmorency l'écrivit aux chefs-lieux des diocèses de son gouvernement (4), et le conseil du diocèse de Lavaur, réuni le 3 septembre, arrêta qu'un feu de joie serait allumé le surlendemain pour fêter cette bonne nou-

---

(1) L'assiette de Lavaur, en 1617 et 1618, remboursa Dourgne et Soual de la dépense qu'elles firent à cette occasion.

(2) L'assiette de 1618 accorda à l'évêque 60 liv. pour frais de ce voyage.

(3) Dom Vaissète, qui décrit les fêtes données à Toulouse en l'honneur de la duchesse, ne parle pas de ce projet de voyage à Lavaur.

(4) La lettre de Montmorency aux consuls de Lavaur est datée de Pézenas 23 août.

velle; les consuls de Puylaurens, Revel, Labruguière, Sorèze et Saint-Paul furent priés de s'y faire représenter et de faire eux aussi, dans leur ville, un feu de joie (1).

Des désordres se commettaient de tous côtés au commencement de l'année 1621. Le 13 avril le conseil du diocèse de Lavaur dut tenir une douzaine de soldats en garnison en cette ville. Les hostilités furent ouvertement déclarées vers la fin du mois de mai. Presque aussitôt il fut question de conclure une trêve pour la conservation « tant du bétail de labourage, laboureur et voitures publiques, que autres qui en dépendent. » Les consuls de Lavaur, avertis qu'une réunion se tiendrait à ce sujet au château d'Hauterive, le 21 juin, arrêtèrent qu'ils s'y rendraient avec les consuls de Labruguière et autres villes « pour faire tels accords qui seraient jugés nécessaires. » Cependant à Labruguière et dans les consulats catholiques de la montagne on ne pouvait lever les impôts qu'avec la plus grande difficulté à cause des courses des religionnaires et, les impôts levés, on ne pouvait les apporter à Lavaur au receveur du diocèse; aussi on dut obliger celui-ci à tenir un commis à Labruguière.

On sait que le roi vint se mettre à la tête des troupes et qu'il assiégea Montauban le 18 août de cette année 1621. Montmorency ouvrit les États à Béziers le 11 septembre et partit pour aller le joindre. Le 20 il était à Lavaur, le 24 à Gaillac et le 25 à Rabastens, d'où il partit avec ses recrues le 28 pour Montauban. Le 24 il donna pouvoir au comte

---

(1) L'assemblée du 9 septembre passa 400 liv. pour les frais de ces feux de joie, savoir 100 liv. pour celui de Lavaur, et 60 liv. pour ceux des villes maîtresses; cette dépense fut approuvée par l'assiette en 1621. — Dom Vaissète ne parle pas des manifestations de joie auxquelles se livra le public à l'occasion de la réconciliation du roi avec sa mère; ces manifestations témoignent cependant de l'importance que tous attachaient à leur bonne intelligence.

de Bioule, « à l'effet d'empêcher les mauvais desseins que les ennemis ont sur les lieux voisins de Castres et particulièrement sur *Labruguière, Escoussens, Viviers, Dourgne, Soual, Semalens* et *Vielmur* (1), » de mettre sur pied le nombre de soldats nécessaires, en en rejetant la dépense sur les diocèses dont ces lieux dépendaient ou bien sur la province. Le 28 il ordonna aux consuls de Lavaur et des consulats de son ressort de contribuer à l'entretien de soixante soldats de la compagnie de ses gardes, pour lequel le conseil du diocèse emprunta, à deux reprises, 2,850 liv. chaque fois. Il fournit, de plus, 6 quintaux de poudre, 600 cannes de cordes et 20 pelles pour ce siège de Montauban (2).

Au mois de juin une trève de labourage avait été conclue à Auterive, ou plutôt à Labruguière, mais elle était peu respectée (3) et la plus grande partie du pays demeurait inculte. Les religionnaires écrivirent, au mois de novembre, aux consuls de Lavaur à ce sujet, et le conseil du diocèse arrêta, le 11 de ce mois, que les consuls de Castres, Puylaurens, Revel, Labruguière, Sorèze, Cuq, Lautrec et Vielmur seraient priés d'envoyer, à cet effet, des députés au château de Pratviel, et il désigna ceux qui y représenteraient la ville de Lavaur. Ces derniers se rendirent le 14 à Pratviel, et n'y trouvèrent que les consuls de Saint-Paul; un autre jour fut fixé (4); mais

(1) Et non *Réalmont*, comme le porte l'inventaire des archives départementales, c. 1167, p. 191.

(2) Le 27 janvier 1622, Montmorency ordonna que le montant de toutes ces fournitures serait supporté par la province.

(3) Jérémie Dupuy, juge de Villelongue au siège de Puylaurens, un des commissaires de la trève, fut arrêté au moment où il s'occupait de la faire respecter; et il fit condamner le diocèse, le 14 mai 1625, par la chambre de l'édit séant à Béziers, à lui donner une indemnité de 300 liv. qui lui furent payées le 5 mars 1627 (Archives, c. 1172).

(4) L'assiette de 1626 alloua 100 liv. au sieur de Pratviel, en dédommage-

encore la plupart des députés ne s'étant pas rendus, on
prit pour rendez-vous la ville de Saint-Paul. La conférence eut lieu, en effet, en cette ville; mais les religionnaires demandèrent à être autorisés à lever des contributions sur plusieurs consulats catholiques du diocèse de
Lavaur : les députés de ce parti voulurent s'en entendre
avec Montmorency, et les religionnaires exigeant une
réponse précise et favorable pour le 29 novembre avec
menace de continuer leurs courses « tant sur le laboureur
que sur le bétail, » le conseil du diocèse envoya en toute
hâte trouver Montmorency à Toulouse. Dès le 23 décembre, la plus grande partie du diocèse était occupée par les
religionnaires, et il était très difficile de lever les impôts.

La rébellion avait fait surtout des progrès dans ce diocèse de Lavaur, et des neuf villes maîtresses, Lavaur et
Labruguière étaient seules demeurées sous l'obéissance
du roi; les autres, Puylaurens, Revel, Sorèze, Saint-
Paul, Cuq, Mazamet et Saint-Amans, avec les bourgs et
villages voisins, faisaient une guerre à outrance aux catholiques, brûlant et ruinant les églises; ils s'emparèrent
aussi des revenus de l'évêque, et enlevèrent ses chevaux.
L'évêque évaluait les dommages que lui avaient causé
les religionnaires, ainsi qu'aux autres catholiques, à
300,000 liv., et le roi, le 14 janvier 1622, lui permit de
retenir en retour, à son profit, tous les effets des rebelles
dans son diocèse (1). Le 22 de ce mois de janvier le sieur
de Gachepel, premier consul de Lavaur, à la tête de plusieurs habitants de cette ville, poursuivit deux ou trois
cents religionnaires qui revenaient de Montauban et les
défit auprès du lieu d'Aurin, consulat de Villeneuve (2).

ment de ses dépenses pour la tenue de l'assemblée de la trêve du labourage.

(1) *Hist. gén. de Languedoc*, t. IX, p. 339 et 340.

(2) Assiette de février 1622.

Le 24 septembre 1621, Montmorency avait commis le comte de Bieule pour commander à Labruguière et autres lieux du diocèse de Lavaur, et à Vielmur, au diocèse de Castres; le 26 janvier 1622, il ordonna aux députés de Lavaur d'imposer les sommes employées en vertu de cette commission, et fixant les commandants des garnisons aux dépens du diocèse, il plaça le comte de Bieule spécialement à Labruguière, avec quarante soldats, le sieur de Marguerite à Dourgne, le sieur de Sainte-Foy à Viviers, et le sieur de Bonnay à Soual, chacun avec cinq soldats; le sieur de Sémalens et le baron de Lagardiole gardaient ces localités, le premier avec cinq soldats et le second avec dix.

L'assiette se tint, du 9 au 26 février 1622, par-devant Pierre de Fabre, de Montaigut, commissaire principal, assisté de l'évêque Claude du Vergier, et comme il n'y avait que Lavaur et Labruguière qui fussent catholiques, Montmorency subrogea aux villes rebelles, *Soual, Dougne, Semalens, Viviers-lès-Montagnes, Roquevidal, Cambon* et *Teyssode,* « les plus apparentes et renfermées, » qui furent admises, mais non sans difficulté. Elle renvoya devant le diocèse de Castres le prieur des Augustins de Fiac, qui demandait un secours pour le rétablissement de l'église de son couvent, démolie par les religionnaires; et attendu que d'après les règlements les seigneurs devaient garder leur château à leurs dépens, elle refusa au sieur de Lasserre de payer les douze soldats qu'il avait en garnison à son château : elle décida aussi que les dépenses faites par les villes pour fournitures à l'armée du roi devant Montauban seraient supportées par chacune d'elles; cependant, vu l'importance de l'église de Saint-Jean-de-Rives, qui venait d'être fortifiée, elle chargea les consuls du lieu de veiller soigneusement à sa garde, de nuit et de jour.

L'assiette décida l'emprunt de 4,552 liv., qui étaient la part du diocèse des 100,000 liv. accordées à Montmorency par les Etats du 28 décembre pour le paiement, pendant trois mois, de cent maîtres, trente carabins et douze cents hommes de pied; elle régla à 4,015 liv. le montant des garnisons mises par Montmorency à Labruguière, Lacroisilhe, Soual, Semalens, Viviers et Dourgne, et elle imposa 1,100 liv. pour la solde, pendant deux mois, de quarante soldats qu'elle demanda à mettre en garnison aux lieux voisins de Lavaur désignés par l'évêque et le conseil du diocèse. Enfin, elle alloua 1,800 liv. au comte de Bieule, qui en réclamait 4,500, pour sa part des frais de levée et d'armement des soldats à pied et à cheval qu'il avait opposés à Rohan en vertu de sa commission du 24 septembre. L'ordonnance de Montmorency du 12 février, concernant la trève du labourage, serait enregistrée, et, pour en assurer l'observation, les consuls de Lavaur et ceux de Labruguière nommeraient un prévôt qui serait payé aux frais du diocèse pendant six mois.

Les religionnaires tinrent leur assiette au mois de mars 1622. Peu après, ils pillèrent le lieu de Bertre, entre Puylaurens et Saint-Paul; les habitants furent arrêtés, rançonnés ou tués, et d'autres se réfugièrent à Lavaur; « où plusieurs moururent de faim. » Le sieur Du Verdier, de Puylaurens fortifia une maison qu'il avait à Bertre et y plaça une garnison qui continua à ravager les biens des catholiques : ceux-ci ne pouvaient les travailler, et ils craignaient d'être arrêtés et d'être forcés à payer les deniers que les religionnaires avaient imposés d'autorité du duc de Rohan. Les religionnaires étendirent aussi leurs courses jusqu'auprès de Roquevidal dont ils formèrent le projet de s'emparer, la plupart des habitants « à cause de leur notoire pauvreté » l'ayant abandonné; mais le 14 mai le conseil du diocèse y plaça une garnison de huit soldats sous les ordres du capitaine Bernin.

A ce moment, le 16 mai 1622, Montmorency nommait le sieur de Montbrun, frère du comte de Bieule, commandant des troupes de pied qui seraient levées dans les deux diocèses de Castres et de Lavaur; le 17, il commettait le comte de Bieule pour gouverneur de ces diocèses avec pouvoir d'en convoquer la noblesse pour faire la levée des troupes nécessaires, et le 18 il enjoignait aux diocèses de pourvoir pendant trois mois « par emprunt, imposition ou autrement, » à l'entretien de trente maîtres de la compagnie du comte de Bieule. Les consuls de Lavaur furent députés à Toulouse auprès du roi pour obtenir, « vu la souffrance du diocèse, » la décharge de tous ces frais, et, le roi n'étant pas arrivé, le duc de Ventadour leur donna à cet effet une lettre pour Montmorency. Mais les consuls de Labruguière avaient convoqué une assemblée à Soual pour l'imposition des frais d'entretien des trente maîtres du comte de Bieule, et le conseil du diocèse, le 13 juin, envoya en toute hâte se plaindre à Montmorency de cette convocation illégale.

Peu après, le roi chargea le sieur de Gachepel, premier consul de Lavaur, de faire procéder à la démolition de Cuq et d'y tenir, jusqu'à la fin, cent hommes de pied; Lavaur lui avancerait les frais nécessaires et qui seraient rejetés ensuite sur le diocèse. Gachepel enrôla ses soldats, et le diocèse l'autorisa, le 3 juillet, à prendre les fonds sur les 1,100 liv. votées en février pour les garnisons des environs de Lavaur, et qui avaient été livrées au syndic sur l'ordre de Ventadour du 29 juin. Mais la démolition de Cuq pressait : le 5 juillet, le duc de Ventadour étant à Lavaur commettait, pour la faire faire, le sieur de Langlade, et, d'un autre côté, Montmorency, qui avait ordonné au baron d'Ambres d'y amener les soldats du diocèse, écrivit le 6 juillet de Castelnaudary aux consuls de Lavaur de lui fournir au plus tôt les hommes qui lui seraient nécessaires.

D'Ambres amena à Cuq sa compagnie de gens d'armes et une compagnie de carabins, et employa à raser la ville quatre à cinq cents pionniers. Les frais de nourriture et d'entretien de tous ces gens avec l'achat de poudre et autres se portèrent à 4,260 liv. dont d'Ambres demanda le remboursement au diocèse, qui répondit qu'il ne devait pas le payer, mais qui lui accorda une indemnité de cent pistoles; il n'en accorda aucune au sieur de Langlade pour les frais qu'il avait faits à cette occasion.

Le roi étant à Toulouse après la prise de Saint-Antonin (22 juin), décida de faire lever, dans les diocèses de Toulouse, Albi, Castres, Lavaur, Rodez et Vabre, deux mille soldats pour renforcer l'armée qu'il laissait dans le pays sous les ordres du duc de Vendôme, et il commanda, le 28 juin, aux diocèses de Lavaur et de Castres, de lever pour leur part un régiment de six cents hommes qu'ils entretiendraient pendant trois mois. Une assemblée générale du diocèse de Lavaur eut lieu le 11 juillet pour faire cette levée; les députés de Sémalens, Viviers-lès-Montagnes, Soual et Dourgne y assistèrent; mais ceux du diocèse de Castres qui avaient été convoqués pour prendre en commun les mesures nécessaires, ne se rendirent pas. L'assemblée délibéra de prier le roi de réduire la cotisation du diocèse, « vu sa très grande ruine et notoire pauvreté, à cause des dommages que les catholiques souffrent par suite des courses de ceux de la religion, des logements et passages des gens de guerre et de l'occupation de la plus grande partie du territoire par les rebelles, qui, des neuf villes maîtresses, en tiennent sept; » d'ailleurs, si la répartition des deux mille hommes se faisait proportionnellement sur les six diocèses, celui de Lavaur, serait-il en entier du parti, ne serait pas taxé à plus de cent cinquante hommes tandis qu'il devait en fournir trois cents; elle décida de plus d'emprunter 6,000 liv. pour l'entretien de ses soldats.

L'évêque de Lavaur fut chargé de porter au roi les supplications du diocèse; il trouva à Rabastens le duc de Vendôme, qui réduisit la cotisation à cent cinquante hommes dont il nomma Du Conseil et d'Ortis capitaine et lieutenant. Le conseil du diocèse, le 18 juillet, en ordonna la levée et envoya à Toulouse emprunter les 6,000 liv. et acheter des piques, des mousquets et un drapeau : le 22 juillet les soldats du capitaine Du Conseil logeaient aux faubourgs de Lavaur.

Le duc de Vendôme s'empara de Lombers le 1er août; le 6, il avait son camp à Graulhet et ordonnait aux consuls de Lavaur de lui fournir sans retard trois cents pionniers pour le siège de Briatexte qu'il voulait entreprendre (1) : il ne le fit pas alors, et il était le 11 à Lavaur avec ses troupes pour la nourriture desquelles le diocèse dut donner 460 setiers de blé. Vendôme revint, le 18 août, assiéger Briatexte, qu'il ne put prendre, et qu'il quitta le 18 septembre après avoir perdu beaucoup de soldats. Peu avant qu'il levât le siège, les diocésains de Lavaur vinrent le trouver, le 14, pour se plaindre de ce que le baron d'Ambres contraignait les habitants de Séran, Saint-Sauveur, Preignan et Massac de lui fournir chaque jour l'argent et l'avoine qui lui étaient nécessaires pour l'entretien de la compagnie de chevau-légers qu'il avait à Fiac (2).

Le duc de Vendôme, en quittant le pays, et se diri-

(1) Briatexte n'est pas nommé dans l'ordonnance; mais il est écrit en marge de la copie qui est écrite à la suite des procès-verbaux de l'assiette.

(2) Ainsi Saint-Sauveur, n'ayant pas payé les 100 liv. par jour auxquelles il était taxé, Pierre Leche, fourrier de la compagnie, avait été saisir tout le bétail de labourage à Seran. Saint-Sauveur et Massac.

geant vers le bas Languedoc, assiégea encore le château
de Roquevidal près de Lavaur, dont les rebelles venaient
de s'emparer, et après l'avoir pris, il chargea, le 22 septembre, le capitaine Du Conseil de s'y tenir avec trente
soldats (1). Le 23 juin précédent, le duc de Ventadour
avait établi à Roquevidal, sous le commandement du sieur
de Latour, une garnison de huit soldats (2), mais peu
après, le 3 septembre, ce château tomba au pouvoir des
religionnaires, et fut repris vers le 20 de ce mois, comme
il vient d'être dit, par le duc de Vendôme. La paix fut
publiée à Lavaur le 29 octobre, et la garnison de Roquevidal dut se retirer; mais le capitaine Du Conseil ne voulut pas s'en aller sans être payé de ses frais, et le
21 décembre le diocèse lui accorda 1000 liv. (3).

L'assiette eut lieu à Lavaur le 24 janvier 1623, par devant l'évêque Claude Du Vergier, commissaire principal;
les députés de toutes les villes maîtresses, catholiques et
religionnaires, y assistèrent et prêtèrent tous serment de
fidélité au roi « et de demeurer inséparablement joints et
unis pour son service comme de vrais, fidèles et naturels
sujets. » Il fut question du recouvrement des dettes et des
frais imposés en 1621 et qui n'avaient pas pu s'effectuer
pour une somme de 7,282 liv.; les villes de la religion
déclarèrent vouloir payer « ce qui par eux serait légitime-

(1) Dom Vaissète ne parle pas de cette prise de Roquevidal par Vendôme.
(2) Ils devaient être payés à 10 liv. par mois; mais aucun soldat ne voulut y aller à ce prix, et le conseil du diocèse, le 1 août, dut leur promettre
12 liv.: le 3 septembre, il décida que la garnison serait continuée pour un
mois.
(3) Du Conseil demandait 2,110 liv. pour les frais de garde et ses honoraires de commandant des soldats qu'il avait eu commission de lever le
18 juillet. La dépense faite pour la levée, l'armement et l'entretien de
cette compagnie de cent cinquante hommes, se porta à 12,496 liv., qui
furent imposées en 1623.

ment dû ; » mais les catholiques demandaient que tous les lieux payassent leur taxe et l'on dut faire un règlement à ce sujet. L'assiette accorda au baron d'Ambros une indemnité pour ses frais lors du rasement de Cuq ; mais elle refusa de contribuer aux réparations de Soual.

Le duc de Ventadour avait été chargé de faire démolir, dans le haut Languedoc, les fortifications des places occupées par les religionnaires. Le 3 février il commanda, de Toulouse, à la compagnie de gens d'armes de Montmorency de se rendre à Soual et à Dourgne. Le 6 il était à Lavaur ; il ne voulut pas décharger le diocèse de la continuation de la garnison de Roquevidal ; et Du Conseil ayant ordre d'aller servir à Metz, il en confia la garde à Anne Grégoire, un de ses carabins (1). Le 9, Ventadour était à Escoussens et le 18 à Graulhet ; ce jour-là il nomma le sieur Daunoux enseigne de la compagnie de Montmorency, et en son absence Nicolas de Nicoly, dit l'Italien, pour commander à Roquevidal. Un mois après, le 18 mars, il ordonna à Nicoly de remettre ce château aux consuls de Lavaur qui devaient répondre de sa conservation ; mais presque aussitôt il écrivit à ces derniers de céder de nouveau le château à Daunoux : ceux-ci refusèrent de le livrer au baron Du Faget, son représentant, et il fallut un ordre formel de Montmorency, daté de Paris le 8 mai, pour qu'ils le remissent, le 9 juin, en l'absence de Daunoux, à Bernard-Antoine de Montesquieu de Sainte-Colombe, seigneur et baron d'Aure.

Mais revenons aux démolitions des fortifications. Ventadour et Montluc, commissaires pour ces démolitions,

---

(1) Le lieu de Roquevidal était alors « notoirement pauvre et ruiné. » Le sieur de Lalagade, propriétaire du château, ne pouvait payer les 210 liv. d'impôt qu'il devait, et pour cela les consuls furent arrêtés et amenés à Lavaur. — Le sieur Grégoire avait quatre soldats payés chacun à 12 liv. par mois ; il prenait pour lui 3 liv. par jour.

étaient le 16 février à Puylaurens, et en conséquence d'une commission particulière datée du 17 décembre, ils chargèrent le sieur Ducaux d'en faire raser les fortifications, avec ordre aux consuls de fournir à la dépense de Ducaux et de ses carabins; ils prirent les sieurs de Palesville et d'Imbert pour otages jusqu'à ce que les démolitions fussent achevées et ils les envoyèrent à Saint-Félix. Le 25 février, la ville de Lavaur eut ordre de Ducaux de lui envoyer sans retard à Puylaurens des ouvriers pour travailler aux démolitions. Les deux otages, partis le 17 février, restèrent à Saint-Félix jusqu'au 2 avril. Ils demandèrent pour leurs dépenses 6 liv. par jour, que les consuls de Puylaurens eurent ordre de leur avancer, sauf à les répéter sur le diocèse; mais, à la prière des catholiques, Ventadour ordonna, le 19 octobre, que le diocèse supporterait seulement les deux tiers des frais de démolition de Puylaurens et que la ville paierait l'autre tiers. — Le sieur de Saint-Sernin fut chargé de veiller à la démolition des fortifications de Saint-Paul et aussi de Mazamet. Le sieur de Lagascarié avait été délégué par le duc de Rohan, le 10 février, pour assister aux démolitions dans le haut Languedoc, et Ventadour et Montluc ordonnèrent, le 19 février, à Graulhet; qu'il serait payé par les diocèses de Castres, Albi et Lavaur.

Les religionnaires, qui étaient rentrés à Cuq, obtinrent du viguier de Castelnaudary une commission adressée à un gradué de Puylaurens pour faire procéder à l'élection de nouveaux consuls à Cuq, qui seraient ainsi tous de la religion. Cependant il y avait dans cette juridiction beaucoup de catholiques qui pourraient être ruinés et accablés d'impôts. Aussi le conseil du diocèse, le 9 juin 1623, envoya un consul de Lavaur à Toulouse pour en conférer avec les conseillers du Parlement, et la Cour ordonna au viguier d'aller lui-même, le dimanche 18, à Cuq, pour faire prendre le premier et le second consul parmi les habitants catholiques. Le premier consul de Lavaur et le syndic s'y rendirent pour assister le viguier.

On a vu que les catholiques et les religionnaires n'avaient pu s'entendre, en janvier 1623, pour le paiement des restes des impôts de 1621 et 1622. Le 14 mai, le conseil du diocèse décida de former opposition sur la reddition des comptes des receveurs du parti des religionnaires, et un arrêt du conseil du 4 août obligea ces derniers à payer leur quotité de tous les deniers ordinaires et extraordinaires que les catholiques avaient empruntés ou imposés pendant les derniers mouvements. Les religionnaires persistèrent à en demander décharge. Une assemblée générale fut convoquée pour le 7 septembre à l'effet d'arranger à l'amiable cette affaire; et à la suite, le 6 octobre, les lieux de Puylaurens et autres (1), qui avaient payé à David Terson, commis par le duc de Rohan à la recette des deniers pour le colloque du Lauragais, leur part des deniers royaux des années 1621 et 1622, prièrent les trésoriers de France de les faire jouir de la décharge accordée par le roi le 20 octobre 1622. Les trésoriers, le 18 novembre 1623, la leur accordèrent, à condition qu'ils paieraient le premier terme de 1621 et le dernier de 1622, et leur part des garnisons, réparations et gratifications.

Il fut tenu une nouvelle assemblée à Lavaur, le 25 novembre, à l'effet de faire cesser les exécutions faites, au nom du receveur, sur les consuls de Lavaur et le syndic du diocèse. Les députés de Revel, Labruguière, Saint-Paul et Cuq s'y rendirent, mais non ceux de Puylaurens, Sorèze, Hautpoul, Mazamet et Saint-Amans, qui s'étaient réunis à

(1) Revel, Sorèze, Saint-Paul, Cuq, Saïx, Lamothe, Blan, Pechaudier, Montlong, Pradés, Aguts, Guitalens, Gandels, Palesville, Durfort, Lempaut, Mazamet, Saint-Amans, Aiguefonde, Saint-Albi, Auxillon, Caucalières, Saint-Germier, Appelle et Teyssode.

Puylaurens. L'assiette générale eut lieu le 24 janvier 1624. Les députés de toutes les villes s'y trouvèrent; ils accordèrent, en remboursement des frais de démolition, 1,071 l. à Puylaurens, 83 liv. à Saint-Paul et 60 liv. à Mazamet, et ils donnèrent 200 liv. à Lavaur pour les cent soldats qu'elle avait envoyés pour raser Cuq.

Cependant les religionnaires essayaient de relever les fortifications de leurs villes. Ceux de Briatexte furent signalés, vers la fin d'août 1624, comme bâtissant de nouveau leurs murailles et leurs bastions. Le juge, le procureur du roi et un des consuls de Lavaur furent chargés par le Parlement d'aller vérifier ces travaux (1).

Dès les premiers mois de 1625, les religionnaires s'agitèrent de nouveau, et, vers le 20 mars, Puylaurens se déclarait ouvertement pour le duc de Rohan, que les colloques avaient nommé commandant en Languedoc, et qui avait établi à Castres son quartier général. On sait que le 13 mai Rohan attaqua inutilement Lavaur. Le 20 mai, le roi nomma le maréchal de Thémines général en Languedoc et appela Montmorency au commandement de l'armée navale (2). Ce dernier, avant son départ, les 25, 26 et 27 mai, organisa la défense dans le diocèse de Lavaur en plaçant trente soldats à Lavaur, vingt à Labruguière, huit au château de Lasserre, vingt-deux à Aguts et douze au château de Crez, appartenant à l'évêque, donnant ainsi les moyens de lever la récolte. Le roi ordonna aussi, le 1er juin, au comte de Bioules, de mettre sur pied une compagnie de chevau-légers, que les consuls de Lavaur devaient loger.

(1) Le 9 septembre, le diocèse alloua au juge, pour cinq jours de vacations, y compris son voyage à Toulouse pour apporter le procès-verbal, 25 liv.; au procureur 10 liv., au consul 10 liv., et au greffier, compris l'expédition du procès-verbal, 41 liv.

(2) Sa commission fut enregistrée au parlement de Toulouse le 10 juin: les procès-verbaux de l'assiette de Lavaur en donnent le texte.

Le maréchal de Thémines ordonna, le 9 juin, de Castelsarrasin, au diocèse de Lavaur de lever deux cents pionniers. Le 20 juin il avait établi son camp à Lavaur et il y était encore le 25; le diocèse dut entretenir trente soldats de ses gardes et préparer deux cents setiers de blé pour ses soldats (1); les consuls de Lavaur lui fournirent des ouvriers terrassiers et deux cents hommes armés de piques et de mousquets, et il fut fait en cette ville un magasin de mille setiers de blé, cent pipes de vin, deux cents setiers d'avoine et cent charretées de foin. Le 28, Thémines ravageait les environs de Castres; le 6 juillet il ordonnait aux consuls de Labruguière de préparer un hôpital pour ses soldats malades et blessés, et annonçait à ceux de Lavaur, en leur rappelant l'ordre du roi du 26 juin de l'assister en toutes choses, qu'il finirait dans trois jours le dégât aux environs de Castres.

Ventadour arrivait à Lavaur le même jour 6 juillet avec quinze cents hommes et de l'artillerie; le 7, il renouvela l'ordre à l'évêque de faire garder sa maison du Crez par douze soldats et un sergent, non compris ses domestiques et les gens de la campagne qui s'y retiraient. L'assemblée du diocèse faisait alors l'imposition des deniers publics, et elle pria le maréchal de Thémines, avant de s'en retourner, « de délivrer le diocèse des villes rebelles. »

Thémines, quittant en effet les environs de Castres, se dirigea sur Lavaur. Le 9 juillet il établit son camp à Sémalens, d'où le conseiller Calmels, intendant de son armée, manda aux consuls de Lavaur de lui envoyer chaque jour, et jusqu'à épuisement du blé du magasin qui avait été fait en cette ville, seize mille pains de munition qui furent ensuite réduits à douze mille. Le 13 juillet, Thé-

(1) D'après Dom Vaissète, son armée était forte de 5,500 hommes et de 600 chevaux.

mines écrivit du camp de Saint-Paul au diocèse de faire préparer à Lavaur un hôpital pour ses blessés. Il prit Saint-Paul d'assaut le 15 juillet, et le lendemain Damiatte se rendit à lui.

Thémines voulut faire raser ces deux villes. L'assiette de Lavaur lui offrit 1,200 liv. s'il donnait commission « à quelque personne qui pût dignement et fidèlement s'en acquitter; » et il en chargea les sieurs Grégoire, juge de Villelongue, et Fabre de Montagnac, leur donnant pouvoir de contraindre tous les habitants du diocèse de Lavaur, des lieux voisins du diocèse de Toulouse et ceux de Rabastens, Lisle, Gaillac, Giroussens et Parisot, à lui fournir les hommes nécessaires pour opérer avec le plus de diligence. L'assiette proposa alors d'y mettre le feu; mais le comte de Cabraires, auquel les matériaux avaient été donnés, s'y opposa. Alors l'assiette lui donna 1,300 livres d'indemnité et pria le maréchal de faire au plus tôt brûler et raser la ville.

Le maréchal de Thémines ordonna de Lautrec, le 2 août, que les 2,040 liv., montant de l'entretien pendant trois mois des soldats en garnison à Lavaur, Labruguière, Aguts, Crez et Lasserre, seraient supportées par tout le diocèse; et le 8 août, des Graisses, attendu qu'il n'y avait plus aucune maison à Saint-Paul et à Damiatte, et que la plupart des habitants de ces deux villes « s'étaient mis dans une seconde rébellion en se retirant à Puylaurens, » il transporta à Lavaur le siège de la justice qui était à Saint-Paul.

Du 10 au 14 août Thémines était à Lavaur. Il ordonna aux députés du diocèse de fournir par jour six barriques et demi de vin et soixante moutons pour le régiment de Normandie; et, « attendu que le diocèse avait beaucoup souffert pendant les sièges de Saint-Paul et de Damiatte et durant le dégât de Castres, » il rejeta tous les frais sur

la province, chargeant le conseiller de Calmels d'en faire
la liquidation. Il révoqua la commission qu'il avait donnée
pour tenir vingt-deux soldats en garnison à Roquevidal,
aux frères Salabert, tous deux de la religion, lesquels,
à la suite des excès, meurtres et crimes qu'ils avaient
commis, avaient été condamnés à mort par le parlement
de Toulouse.

Au commencement de septembre, le sieur de Fanoles
leva, dans le diocèse de Lavaur, cent dix soldats pour aller
joindre les volontaires de l'Albigeois qui allaient renforcer l'armée de Ventadour accourue au secours de
Sieurac. Après la levée de ce siège, Ventadour vint à
Lavaur, et, le 9 de ce mois, il ordonna au diocèse de
rembourser à Fanoles les frais qu'il avait faits à cette
occasion.

Ici se termine le précieux registre (1) qui nous a donné
sur les événements dont le diocèse de Lavaur fut le théâtre
de si intéressants détails. Pour cette année 1625, les villes
du diocèse tenues et occupées par les religionnaires, et
où les recettes n'avaient pu se faire, étaient : Puylaurens,
Revel, Sorèze, Saint-Paul, Cuq, Hautpoul Mazamet,
Saint-Amans, Saïx, Poudis, Roquefort, Durfort, Las
Touseilles, Gandels, Lamothe, Blan, Péchaudier, Montlong, Prades, Dourne, Appelle, Auxillon, Aiguefonde
et Belleserre.

La paix fut publiée en avril 1626. Le diocèse de Lavaur
tint son assiette vers le milieu de septembre; elle s'occupa de la vérification des dettes contractées et des sommes fournies par les catholiques pendant les derniers
mouvements. Les frais supplémentaires de cette assiette
se portèrent à 2,772 liv. et les dettes avec les intérêts
furent réglés à 15,052 liv. D' un autre côté, en mai 1626,

(1) Archives de la préfecture C. 167.

le parlement autorisa les religionnaires du diocèse à se réunir à Sorèze en présence de Noël de Celerier, lieutenant principal de la judicature de Villelongue, pour se concerter sur leurs affaires particulières depuis les troubles de 1621.

A cette époque, le duc de Ventadour, ordonna aux dix compagnies du régiment de Navailles de loger dans le diocèse de Lavaur à Soual, Sémalens, Arfons, Viviers-lès-Montagnes, Dourgne, Lagardiole, Saint-Avit, Lempaut et Massaguel, et au diocèse de Castres de contribuer pour la moitié à tous les frais. Le diocèse de Lavaur envoya, le 9 octobre, à Toulouse le consul de Mazas pour le prier de faire partir ces compagnies; il ne put l'obtenir, mais *un certain personnage* lui promit d'avoir l'ordre de délogement immédiat s'il lui donnait 50 pistoles d'Espagne, soit 367 liv. 10 s. Le conseil du diocèse, le 12, autorisa Mazas à les lui compter, et il eut, en effet, cet ordre de délogement. Une assemblée particulière ratifia ce don, et, le 24 novembre, liquida à 2,967 liv. les frais de logement de ce régiment pendant sept jours.

Le consul Mazas et le procureur du roi Du Conseil furent chargés par Ventadour, de concert avec Baccon et Avignac, soldats de ses gardes, de faire procéder à la démolition des nouvelles maisons bâties à Saint-Paul par les religionnaires, et au comblement des fossés; et d'un autre côté, le sieur de Caux dut faire procéder aux mêmes démolitions à Puylaurens, avec l'assistance du soldat Jean Cazorne. Les commissaires employèrent une cinquantaine de jours à ce travail, et les frais, liquidés, non sans peine, à la fin de cette année 1626, se portèrent à 2,000 liv. environ.

En juillet 1627, le duc de Rohan excita de nouveaux troubles. Castres et Puylaurens ne se déclarèrent pas d'abord pour lui; mais il eut, dès le principe, dans notre diocèse la ville de Revel. Au mois d'octobre, Montmorency vint à Lavaur, d'où il se rendit dans le Castrais. Il plaça diverses garnisons à Pechaudier, Bertre, Prades et Guitalens. Le diocèse lui envoya Antoine de Gibert, sieur de Fanoles, premier consul de Lavaur, pour le prier d'être dispensé de payer ces garnisons; les consuls de Puylaurens obtinrent une ordonnance du 28 novembre qui déchargeait ceux de Péchandier de l'entretien de leur garnison, et Pierre de Gasquet, sieur de Tiro, syndic du diocèse, poursuivit les démarches en décharge des garnisons de Bertre et de Prade, et surtout de Guitalens, « qui n'est troublé ni molesté par personne, étant au contraire bien éloigné du péril. »

Montmorency ordonna aussi au président de Suc de tenir, dès le 1ᵉʳ novembre, trente soldats en garnison à ses maisons de Montespieu et Saint-Affrique pour empêcher qu'elles ne retombassent aux mains de Rohan qui aurait eu ainsi un passage assuré pour ses troupes pour aller à Revel. Mazamet et tout le vallon de Saint-Amans avaient donné les meilleures assurances pour leur maintien dans l'obéissance du roi, au premier président de Toulouse, qui leur avait permis de continuer en liberté leur commerce; seule, la ville de Revel, conduite par des personnes dévouées à Rohan, « ne voulait pas entendre raison; » cependant sa garnison ne faisait aucun acte d'hostilité à la campagne, « ayant eu ordre de se contenir sans faire déplaisir à personne. » Rohan serait parti le 3 décembre de Revel avec sa cavalerie, se dirigeant sur Massaguel, Verdale et Navès; le syndic du diocèse dut le faire savoir à Montmorency.

Cependant, vers la fin de cette année 1627, le prince de Condé, nommé lieutenant général du roi, vint dans le pays pour combattre Rohan. Vers la fin de mars 1628, il entreprit le siège de Réalmont. Le 15 de ce mois, le marquis de Portes avait donné l'ordre à une compagnie de cinquante maîtres de chevau-légers, et aux trains du marquis de Ragny de loger à Soual; Sémalens dut les recevoir ensuite; mais Puylaurens et les lieux voisins furent exemptés de tout logement de gens de guerre, et le diocèse faisant faire le relevé des *foules* que les habitants avaient souffertes, les consuls de Puylaurens, dirent, le 5 avril, qu'ils n'avaient aucune plainte à porter à ce sujet.

Le prince de Condé s'empara de Réalmont le 30 avril; mais à ce moment Castres tombait aux mains des partisans de Rohan, qui obligeaient le président de Suc à quitter cette ville, et Condé se dirigea du côté de la montagne. Cependant il avait été question d'aller attaquer Revel. Le président Le Massuyer l'écrivit le 12 mai au syndic de Lavaur en l'invitant à se rendre à Toulouse pour conférer avec les représentants des diocèses de Toulouse, Saint-Papoul, Carcassonne, Rieux, Narbonne, Mirepoix, Albi et Limoux, au sujet des vivres, des munitions de guerre et de l'argent qui serait nécessaire. Ce projet fut abandonné, et Condé, qui était rentré à Toulouse au commencement de juin, se trouvait le 25 auprès de Lautrec pour ravager les environs de Castres. Le diocèse de Lavaur lui fournit cent cinquante hommes que le sieur Gibert de Fanoles, premier consul de Lavaur, amena à son armée où il resta pour surveiller les intérêts du diocèse.

Le diocèse de Lavaur entretenait alors quatre compagnies à Soual, Labruguière, Lacroisille et Montgey, et encore le prince avait autorisé le marquis de Ragny de lui faire supporter les frais de ses troupes : Fanoles ne put en obtenir la décharge, mais seulement que le diocèse bas Montauban lui serait donné en aide; il fit aussi réduire à 35 sous par jour et pour cent dix hommes la demande d'entretien des soldats de la compagnie du comte de Charlus.

Le marquis de Ragny amena ses troupes à Saint-Amans, qui s'était déclaré, le 6 juillet, pour Rohan, et reprit cette ville, ainsi que Mazamet, vers le 19 de ce mois. Il ordonna de construire un *réduit* à Labastide-Saint-Amans et d'y tenir une garnison de cent cinquante hommes pendant deux mois. Fanoles était au camp de Mazamet le 10 juillet et à Saint-Amans le 12, et il obtint du marquis de Ragny qu'au retour de l'armée, le régiment de Picardie qui devait aller *se rafraîchir* à Lavaur ne passerait pas par cette ville. L'assiette se tint bientôt après; elle imposa 2,450 liv. pour lesquelles le bas Montauban lui avait été donné pour aide, 2,000 liv. pour la construction du réduit de Saint-Amans, et 3,000 liv. pour l'entretien de la garnison.

Dans l'année 1629, le roi vint encore dans le pays. Le duc de Ventadour fit de nouveau le dégât aux environs de Castres, du 27 juin au 6 juillet, et le diocèse de Lavaur dut y contribuer par l'envoi de pionniers et le logement de troupes.

La paix fut enfin publiée le 14 juillet de cette année. Les fortifications des villes des religionnaires durent être démolies. Dans le diocèse de Lavaur, les principales étaient *Puylaurens* et *Revel*. On a vu que le diocèse de Castres contribua pour une somme de 1,767 liv. aux frais de démolition de Puylaurens; les diocèses de Saint-Papoul, Carcassonne et Toulouse en supportèrent une part, et, de son côté, celui de Lavaur paya à François de Saint-Félix, procureur au Parlement, et Clément de Laroque-Bouillac, sieur de Saint-Géry, commissaires députés pour les démolitions, pour leurs vocations 1,857 liv. (1). Le sieur de Masnau, conseiller au parlement, fut chargé

_____

(1) Impositions de 1632, et délib. de la ville de Lavaur du 13 février 1633.

de surveiller l'exécution des fortifications de Revel, et, pendant qu'on y travaillait, les habitants Jacques Portal, Guillaume Barrau, Durand-Dumas et Jean Maurel, furent donnés pour otages. Le 2 avril 1630, le conseiller de Masnau taxa la ville de Lavaur pour sa part des frais de démolition à 300 liv., qu'il modéra cependant à 200, et en 1632, Lavaur imposa, pour le payement des otages, à raison de 4 liv. par jour à chacun, 538 liv.

Les fortifications de *Cuq*, *Saint-Paul* et *Saint-Amans* furent démolies en avril 1631. Le diocèse de Lavaur contribua aux frais de démolition de Castres, de Damiatte, de Caraman et encore de Villemur : le sieur de Paguet, ingénieur, entrepreneur des démolitions de cette dernière ville, offrit de faire démolir toute la portion qui regardait le diocèse pour 3,000 liv. (1).

En 1610, année de la mort d'Henri IV, les impositions du diocèse de Lavaur se portaient à 40,000 liv. environ. Dès les premières années de la guerre, elles s'élevèrent à plus de 60,000 liv., et en 1628 elles dépassent 78,000 liv. En 1630, les impôts approchent 100,000 liv.; et ils arrivent en 1633 à 150,000 liv.; enfin, en 1634, après la liquidation générale de toutes les dépenses, ils atteignent 205,891 liv.! Ajoutons que quelques communes avaient été complètement ruinées. En 1628, le diocèse aurait été chargé au point « de ne pouvoir jamais se relever, » et en 1630 le receveur déclare ne pouvoir rien lever des impôts, « à cause de la misère et pauvreté du peuple, » à *Puylaurens*, *Saint-Paul*, *Cuq*, *Mazamet*, *Cahuzac*, *Lugan*, *Saint-Amans*, *Lacougoute*, *Seran*, *Cambon*, *Roquevidal*, *Dourgne* et *Arfons*, *Lestap*, *Blan*, *Sémalens*, *Dourne*, *Viterbe* et *Flamarens*.

(1) Délib. de la ville de Lavaur des 18 mars et 16 avril 1631.

FIN.

TABLE DES MATIÈRES

137

www.ingramcontent.com/pod-product-compliance
Lightning Source LLC
Chambersburg PA
CBHW052138090426
42741CB00009B/2126